Das Anthony de Mello *Lesebuch*

Herausgegeben von
Marlene Fritsch

FREIBURG · BASEL · WIEN

HERDER spektrum Band 6556

www.herder.de

Umschlaggestaltung: Designbüro Gestaltungssaal
Autorenfoto Anthony de Mello: © Sadhana-Institut, Lonavla
Satz: Designbüro Gestaltungssaal

Herstellung: CPI – Clausen & Bosse, Leck

Printed in Germany

ISBN 978-3-451-06556-9

Inhalt

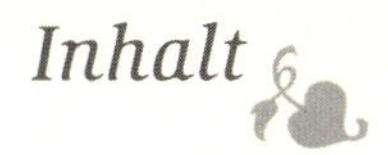

Vorwort

Ehe der Besucher eventuelle Schülerschaft diskutierte, verlangte er von dem Meister Zusicherungen.

»Könnt Ihr mich lehren, was das Ziel eines Menschenlebens ist?«

»Das kann ich nicht.«

»Oder wenigstens seinen Sinn?«

»Das kann ich nicht.«

»Könnt Ihr mir das Wesen des Todes erklären und eines Lebens jenseits des Grabes?«

»Das kann ich nicht.«

Der Besucher ging zornig davon. Die Schüler waren betreten, dass ihr Meister eine so schlechte Figur gemacht hatte.

Sagte der Meister tröstend: »Was nützt es, die Essenz des Lebens zu verstehen und seinen Sinn zu begreifen, wenn ihr es nie gekostet habt? Mir ist es lieber, ihr esst euren Pudding, als dass ihr darüber spekuliert.«

Leider konnte ich Anthony de Mello nie persönlich kennenlernen. Aber bei der Lektüre seiner Bücher, speziell seiner Weisheitsgeschichten, habe ich immer wieder das Gefühl, so viel von seiner Persönlichkeit auf- und zwischen den Zeilen herausleuchten zu sehen, dass ich beinahe meine, ihm darin selbst zu begegnen. Diese Geschichte vom »Lebenspudding« zählt dabei zu einer meiner liebsten, weil sie vieles von dem zum Ausdruck bringt, was Anthony de Mello ausmachte, was ihn für die Menschen so liebenswert, aber auch streitbar machte: seine unbändige Lebensfreude, seinen Witz und Humor, aber auch seine Abneigung gegenüber Philosophien und vorgefassten Lehren. Diese empfindet er oft nur als leere Worte, weil sie die Wirklichkeit und die Erfahrung außer Acht lassen, die dem Menschen oft bessere Ratgeber sind als alle Überlegungen und alles theoretische Wissen. Doch damit sind wir schon mitten in seinem Werk. Das zu beschreiben und zu verstehen fällt leichter, wenn man um einige Details und Stationen seiner Biografie weiß:

Anthony de Mello wurde am 4. September 1931 in Santa Cruz, einem Vorort von Bombay (Mumbai), Indien, als ältestes von vier Kindern geboren. Sein Vater arbeitete bei der Eisenbahn und hätte es gern gesehen, wenn er dort ebenfalls eine Lehre begonnen hätte. Aber Anthony de Mello wusste schon mit dreizehn, was er einmal werden wollte: Priester. Dieser Wunsch hatte seine Wurzeln wohl einerseits in der Familiengeschichte: Seine Eltern stammten aus Goa, einer portugiesischen Kolonie an der Südküste Indiens. Hier hatte im 16. Jahrhundert der Jesuitenmissionar Franz Xaver das Christentum eingeführt und verbreitet. Daher waren auch de Mellos Eltern gläubige Katholiken, die ihren Sohn auf eine von Jesuiten geleitete Schule schickten. Hier lernte er zudem Menschen kennen, deren Vorbild er nacheifern wollte. So trat er 1947 tatsächlich in die »Gesellschaft Jesu« ein, 1961 wurde er nach einem Philosophiestudium in Barcelona und einem Theologiestudium in Poona zum Priester geweiht.

Bill de Mello, Anthonys jüngerer Bruder, erzählt in seiner Biografie, dass sein Bruder zunächst fasziniert gewesen sei von der strengen Disziplin des Ordens, von Exerzitien und Askese, aber auch vom unbedingten Gehorsam gegenüber den Lehren. Doch nach seinem Studium in Barcelona verändert er sich. »Ich habe diese Veränderung, diese Transformation (...) selbst miterlebt. Es schien mir damals, als ob er seine Rigidität, seine Strenge und Unbeugsamkeit abgelegt hätte und in seinen Ansichten über die Dogmen der Kirche und Disziplin sehr viel flexibler geworden sei«, schreibt er dazu. Diese Öffnung einerseits und die Skepsis gegenüber buchstabengläubigen Lehren andererseits bestimmt sein ganzes weiteres Leben.

Nach einem weiteren Studium – das der Psychologie in Chicago – gründet er 1972 das »Institute of Pastoral Counseling and Spirituality« am de Nobili College in Poona und bleibt bis 1987 dessen Leiter. Später nennt er diese Einrichtung in »Sadhana-Institut« um, nachdem er den Standort nach Lonavla verlegt hat. Hier versuchte er, zu lehren, aber vor allem zu leben, was er selbst an Erkenntnissen gewonnen hat und anderen Menschen weitergeben möchte, die mit ihren psychischen, aber auch spirituellen Problemen und Fragestellungen zu ihm kommen.

Im Frühjahr 1987 war Anthony de Mello als Gastprofessor zu einer Seminarreihe für einige Wochen an der Fordham Universität in New York, als er am 1. Juni völlig überraschend an einem Herzinfarkt starb. Er wurde nach Indien überführt und in der Jesuitengruft seiner alten Pfarrkirche in Bombay beerdigt.

Obwohl er schon zu seinen Lebzeiten ein weltbekannter Theologe und vor allem spiritueller Begleiter war und auf eine Vielzahl von Veröffentlichungen zurückschauen konnte, sind nach seinem Tod erstaunlich wenige Bücher erschienen, die sich mit seinem Werk beschäftigen. Das liegt wohl daran, dass sich darin und in seinem Wirken kaum so etwas wie eine durchgängige Lehre entdecken lässt. Anthony de Mello war bis zu seinem Tod unterwegs, auf einem Weg, also niemand, der im wörtlichen wie im übertragenen Sinn auf einem Standpunkt stehen blieb, sondern diesen immer wieder veränderte, je nachdem, was er an Lebenserfahrung machte. Zudem wehrte er sich dagegen, so etwas wie ein Allheilmittel zu besitzen, das bei jedem Menschen gleich wirkt. Wenn er in der geistigen Begleitung tätig war, zählte nur der Mensch, den er gerade vor sich hatte. Und was für den einen gut war, konnte bei einem anderen Menschen das genaue Gegenteil bewirken. Eben diese Haltung spiegelt sich auch in seinen Büchern wider. Martin Kämpchen, Autor und deutscher Übersetzer des indischen Literaturnobelpreisträgers Rabindranath Tagore, der selbst seit Jahrzehnten in Indien lebt, schreibt dazu: »De Mellos erstes Buch heißt im Original ›Sadhana‹. Es erklärt die Übungen, die er seit Jahren in aller Welt lehrte. Nahezu ohne theologische Grundlegung bot er sie unmittelbar den Zuhörern an. Dieses Buch war ein großer Erfolg in Indien und begründete Pater de Mellos Ruhm. Es ist auch ins Deutsche übersetzt [Meditieren mit Leib und Seele]. Anthony de Mello ließ diesem Buch eine ganze Reihe von Anekdotenbänden folgen. Darin gelang es ihm, anhand von kurzen, pointiert erzählten Geschichten spirituelle Wahrheiten und Weisheiten zum Leuchten zu bringen. Sie erinnern an die Geschichten, die von den frühchristlichen Wüstenvätern übermittelt sind, oder an das Erzählgut der jüdischen Mystik. Aber vor allem auch an die Parabeln der Evangelien. (...) Sie versuchen, eine reine Spiritualität der Mystik und der Nächstenliebe vorzustellen.«

»Sadhana« ist das in der indischen Spiritualität gebrauchte Sanskrit-Wort für »spirituelle Übung«, und der Jesuitenpater de Mello ließ sich auf seinem Weg nicht nur von den »Geistlichen Übungen« des Ignatius von Loyola, sondern auch vom Hinduismus und Buddhismus durch ihre Methoden der Meditation und des Betens inspirieren.

Mich erinnert der spirituelle Zugang von Anthony de Mello immer wieder an Jesus in den Evangelien: an seine Art, auf den je einzelnen Menschen zuzugehen, ihn in seiner ganz besonderen Situation zu betrachten und ihm individuell zu helfen. Anthony de Mello selbst sah sich darin in der Nachfolge Jesu, aber vielleicht weniger als Vertreter eines bestimmten religiösen »Bekenntnisses«, sondern eher als Mensch, der Augen hat, zu sehen, und Ohren, zu hören. Er hat dazu selbst einmal gesagt: »Muss man denn wirklich unbedingt durch die Religion dazu angestachelt werden, bestimmte Missstände zu erkennen und dagegen etwas zu unternehmen? So viele unserer Ermahnungen, Aufforderungen, Predigten, Moralvorschriften usw. dienen dem Zweck, uns zur Aktion anzufeuern, uns aufzurütteln, Gutes zu tun. Oft hilft man seinem Nächsten, ›weil Jesus einen dazu anweist‹, ›um Jesu willen‹, ›weil er das auch getan hat‹, ›weil das so in der Heiligen Schrift steht‹, ›weil es eine Sünde wäre, nicht zu helfen‹ usw. Aber braucht man denn wirklich diesen dauernden künstlichen Anreiz durch die Religion, um ein einfühlsamer Mensch, um menschlich zu werden? Ich finde es viel gesünder, wenn man sich einfach von der Wirklichkeit, die man vorfindet, dazu motivieren lässt, also von dem, was man sieht und hört.«

Auch die Art und Weise, wie Anthony de Mello in seinen Büchern »lehrte«, erinnert sehr an Jesus – nämlich in Geschichten. »Die kürzeste Entfernung zwischen zwei Menschen ist eine Geschichte«, ist ein Satz, den er immer wieder zitierte. Und ähnlich wie in den Evangelien gibt es am Ende seiner Geschichten so gut wie nie eine »Moral von der Geschicht«, sondern eine Offenheit, die die Bilder für sich sprechen und die Raum lässt, dass jeder Zuhörer seine eigenen Schlüsse und Deutungen daraus zieht.

Das alles führte jedoch auch dazu, dass seine Aussagen manchmal widersprüchlich erschienen oder dass er Überzeugungen, die ihm vor einigen Wochen wichtig erschienen, plötzlich wieder über den Haufen warf. Doch dahinter stand wohl der Wille, dass man ihn als Person nicht zum »Heiligen« machte, zum Lehrer, dessen Wort unbedingt gilt. Er wollte, dass die Menschen selbstständig werden, dass sie ihren eigenen Weg zum Glück finden und auf eigenen Beinen stehen, in ihrem Handeln und Denken. Er selbst fasste das in die folgende schöne Geschichte:

»Darf ich Euer Schüler werden?«

»Du bist nur ein Schüler, weil deine Augen geschlossen sind. An dem Tag, an dem du sie öffnest, wirst du feststellen, dass du nichts von mir oder von jemand anderem lernen kannst.«

»Wozu ist dann ein Meister da?«

»Dir zu der Erkenntnis zu verhelfen, dass es zwecklos ist, einen zu haben.«

Diese Haltung führte dazu, dass er auch ein streitbarer Mensch war, einer, der Wahrheiten sagte, die nicht jeder hören wollte, und mit der er sich nicht nur Freunde machte – auch in der Institution Kirche. So veröffentlichte 1998, nach seinem Tod, die vatikanische Kongregation für die Glaubenslehre eine Stellungnahme, die vor »Gefahren in den Schriften von Pater Anthony de Mello« glaubte warnen zu müssen. Aber es ging Anthony de Mello sicher nicht darum, die Kirche oder ihre Lehren anzugreifen oder in Misskredit zu bringen. Sein Anliegen ist nicht im Bereich der Theorie zu suchen, sondern immer beim ganz konkreten Menschen, bei seinen Nöten und »blinden Flecken«, seinen Prägungen und Verletzungen. Diese zu heilen und sie als freie Menschen in ihr Leben zu entlassen, war das, was Anthony de Mello am Herzen lag. Oder mit den Worten eines Menschen, der ihm begegnete, als er noch lebte: Pater de Mello war ein Mensch, »der oft recht hatte, zuweilen falsch lag und über ein hohes Maß an Freude, Einfühlungsvermögen, Weisheit und Liebe verfügte. Dies zu erfahren, ließ mich das Beste in mir selbst erkennen und half mir, daran zu glauben«.

Die folgenden Texte möchten Ihnen, liebe Leserin und lieber Leser, einen kleinen Einblick in das Werk von Anthony de Mello geben. Dabei habe ich bewusst nicht nur seine berühmten Weisheitsgeschichten ausgewählt, sondern auch Texte, die etwas von seinen Grundüberzeugungen preisgeben und das in Worte fassen, was er vorzuleben versuchte. Ergänzend gibt es den einen oder anderen Meditationstext, der dazu einlädt, innezuhalten und die Thesen der jeweiligen Kapitel noch einmal auf eine andere Weise zu vertiefen.

Die Augen öffnen, wach werden, sich selbst und die Welt so betrachten, wie sie tatsächlich sind, das ist der eigentliche Ausgangspunkt seiner Spiritualität – und daher auch der Ausgangspunkt dieses Buches. Der Zielpunkt ist, ein glücklicher Mensch zu sein. Und wie der Weg dahin aussehen kann, das möchten die Texte dieses Buches im Folgenden aufzeigen.

Nun wünsche ich Ihnen viel Vergnügen bei der Lektüre – und vielleicht einige Aha-Erlebnisse, sozusagen als »Randnotizen«:

Einmal diskutierten die Schüler über die Nützlichkeit des Lesens. Einige hielten es für Zeitverschwendung, andere konnten dem nicht zustimmen.

Als man sich an den Meister wandte, sagte er: »Habt ihr jemals einen jener Texte gelesen, in denen die Anmerkungen, die ein Leser an den Rand gekritzelt hatte, sich als genauso aufschlussreich erwiesen wie der Text selbst?«

Die Schüler nickten zustimmend.

»Das Leben«, sagte der Meister, »ist ein solcher Text.«

Marlene Fritsch

I.

»Die meisten Leute schlafen, ohne es zu wissen«

Aufwachen

Der blinde Rabbi

Der alte Rabbi war blind geworden und konnte weder lesen noch seine Besucher erblicken.

Ein Gesundbeter sagte zu ihm: »Vertrau dich mir an, und ich werde deine Blindheit heilen.«

»Das ist nicht nötig«, erwiderte der Rabbi. »Ich kann alles sehen, was ich sehen muss.«

Nicht jeder, dessen Augen geschlossen sind, schläft. Und nicht jeder kann sehen, dessen Augen offen sind.

Der Wahrheitsladen

Ich konnte kaum meinen Augen trauen, als ich den Namen des Ladens sah: Wahrheitsladen. Dort wurde Wahrheit verkauft.

Die Verkäuferin war sehr höflich: Welche Art Wahrheit wollte ich kaufen, Teilwahrheiten oder die ganze Wahrheit? Natürlich die ganze Wahrheit.

Nichts da mit Trugbildern, Rechtfertigungen, moralischen Mäntelchen. Ich wollte meine Wahrheit schlicht und klar und ungeteilt. Sie winkte mich in eine andere Abteilung des Ladens, wo die ganze Wahrheit verkauft wurde.

Der Verkäufer dort sah mich mitleidig an und zeigte auf das Preisschild. »Der Preis ist sehr hoch, Sir«, sagte er. »Wie viel?«, fragte ich, entschlossen, die ganze Wahrheit zu erwerben, gleichgültig, was sie kostete. »Wenn Sie diese hier nehmen«, sagte er, »bezahlen Sie mit dem

Verlust Ihrer Ruhe und Gelassenheit, und zwar für den Rest Ihres Lebens.«

Traurig verließ ich den Laden. Ich hatte gedacht, ich könnte die ganze Wahrheit billig bekommen. Ich bin noch nicht bereit für die Wahrheit. Immer wieder sehne ich mich nach Ruhe und Frieden. Ich habe es noch nötig, mich mit Rechtfertigungen und moralischen Mäntelchen zu täuschen. Ich suche immer noch Schutz bei meinen nicht infrage gestellten Anschauungen.

Weite Sicht

Ein Schüler beklagte sich über die Gewohnheit des Meisters, alle seine hochgehaltenen Überzeugungen über den Haufen zu werfen.

Sagte der Mcister:

»Ich lege Feuer an den Tempel deiner Überzeugungen, denn wenn er niedergebrannt ist, wirst du eine ungehinderte Sicht auf den weiten, grenzenlosen Himmel haben.«

Größe

»Das Problem mit dieser Welt ist«, sagte der Meister seufzend, »dass die Menschen sich weigern, erwachsen zu werden.«

»Wann kann man von einem Menschen sagen, er sei erwachsen?«, fragte ein Schüler.

»An dem Tag, an dem man ihm keine Lügen mehr aufzutischen braucht.«

Der Zauberer und der Drachen

In China gab es einst einen riesigen Drachen, der von Dorf zu Dorf kroch und wahllos Vieh, Hunde, Küken und Kinder tötete. Also wandten sich die Dorfbewohner an einen Zauberer, der ihnen in der Not helfen sollte. Der Zauberer sagte: »Ich kann den Drachen nicht selbst erschlagen, denn obwohl ich ein Hexenmeister bin, habe ich doch zu große Angst. Aber ich werde den Mann für euch finden, der es tun wird.«

Bei diesen Worten verwandelte er sich in einen Drachen und legte sich auf einer Brücke auf die Lauer, sodass jeder, der nicht wusste, dass es der Zauberer war, Angst hatte, vorbeizugehen. Eines Tages kam jedoch ein Reisender zu der Brücke, stieg ruhig über den Drachen hinweg und ging weiter.

Der Zauberer nahm sofort wieder menschliche Gestalt an und rief dem Mann zu: »Komm zurück, mein Freund. Wochenlang habe ich hier auf dich gewartet.«

Erleuchtete wissen, Angst liegt nie in den Dingen selbst, sondern darin, wie man sie betrachtet.

Über das Wachwerden

Spiritualität bedeutet wach werden. Die meisten Leute schlafen, ohne es zu wissen. Sie wurden schlafend geboren, sie leben schlafend, sie heiraten im Schlaf, erziehen im Schlaf ihre Kinder und sterben im Schlaf, ohne jemals wach geworden zu sein. Niemals verstehen sie den Reiz und die Schönheit dessen, was wir »menschliches Leben«

nennen. Bekanntlich sind sich alle Mystiker – ob christlich oder nichtchristlich und egal, welcher theologischen Richtung oder Religion sie angehören – in einem Punkt einig: dass alles gut, alles in Ordnung ist. Obwohl gar nichts in Ordnung ist, ist alles gut. Ein wirklich seltsamer Widerspruch. Aber tragischerweise kommen die meisten Leute gar nicht dazu, zu erkennen, dass tatsächlich alles gut ist, denn sie schlafen. Sie haben einen Albtraum.

Vor einiger Zeit hörte ich im Radio die Geschichte von einem Mann, der an die Zimmertür seines Sohnes klopft und ruft: »Jim, wach auf!«

Jim ruft zurück: »Ich mag nicht aufstehen, Papa.« Darauf der Vater noch lauter: »Steh auf, du musst in die Schule!«

»Ich will nicht in die Schule gehen.«

»Warum denn nicht?«, fragt der Vater.

»Aus drei Gründen«, sagt Jim. »Erstens ist es so langweilig, zweitens ärgern mich die Kinder, und drittens kann ich die Schule nicht ausstehen.«

Der Vater erwidert: »So, dann sag ich dir drei Gründe, wieso du in die Schule musst: Erstens ist es deine Pflicht, zweitens bist du 45 Jahre alt, und drittens bist du der Klassenlehrer.« Also aufwachen, aufwachen! Du bist erwachsen geworden, du bist zu groß, um zu schlafen. Wach auf! Hör auf, mit deinem Spielzeug zu spielen.

Die meisten Leute erzählen einem, dass sie aus dem Kindergarten herauswollen, aber glauben Sie ihnen nicht. Glauben Sie ihnen wirklich nicht! Alles, was sie wollen, ist, dass sie ihr kaputtes Spielzeug repariert bekommen: »Ich möchte meine Frau wiederhaben. Ich möchte meinen Arbeitsplatz wiederhaben. Ich möchte mein Geld wiederhaben, mein Ansehen, meinen Erfolg!« Nur das möchten sie: ihr Spielzeug zurück. Das ist alles. Sogar der beste Psychologe wird Ihnen sagen, dass die Leute eigentlich nicht geheilt werden wollen. Was sie wollen, ist Linderung und Trost, denn eine Heilung ist schmerzhaft.

Wach werden und aufstehen ist bekanntlich unangenehm, denn im Bett ist es warm und behaglich. Es ist wirklich lästig, aufgeweckt zu werden. Deshalb wird es der weise Guru auch nie darauf anlegen, die Leute aufzuwecken. Ich hoffe, dass ich selbst jetzt weise genug und keineswegs darauf erpicht bin, jemanden aufzuwecken, wenn ich auch manchmal sagen werde: »Wach auf!«

Ich werde nur das tun, was ich zu tun habe, werde mein eigenes Lied singen. Wenn Sie etwas davon haben, umso besser; wenn nicht, dann eben nicht! Wie die Araber sagen: »Der Regen ist immer derselbe, wenn er auch in der Steppe Gestrüpp und in den Gärten Blumen wachsen lässt.«

Hinaustragen oder aufwecken?

Es wird erzählt, dass in einem Haus Feuer ausbrach, während ein Bewohner fest schlief.

Man versuchte, ihn durch das Fenster hinauszutragen. Unmöglich. Man versuchte, ihn durch die Tür zu tragen. Unmöglich, er war einfach zu groß und zu schwer.

Man wusste sich keinen Rat mehr, bis jemand vorschlug: »Weckt ihn doch, dann wird er allein hinausgehen.«

Nur um Schläfer und Kinder sollte man sich kümmern. Wacht auf! Oder werdet erwachsen.

Der Schatz in der Küche

Eine chassidische Geschichte: Eines Nachts wurde dem Rabbi Isaak im Traum gesagt, er solle in das weit entfernte Prag reisen und dort unter der Brücke, die zum Königspalast führt, nach einem verborgenen Schatz graben. Er nahm den Traum nicht ernst, aber als er ihn fünf- bis sechsmal hintereinander träumte, entschloss er sich, die Suche nach dem Schatz aufzunehmen.

Als er zu der Brücke kam, fand er sie zu seinem Entsetzen Tag und Nacht schwer bewacht von Soldaten. Er konnte lediglich aus der Entfernung auf die Brücke starren. Aber da er sich jeden Morgen dort einstellte, trat der Hauptmann der Wache eines Tages zu ihm und fragte nach dem Grund. Rabbi Isaak war zwar verlegen, dass er einer fremden Seele seinen Traum erzählen sollte, aber da ihm der gutmütige Christ sympathisch war, offenbarte er sich ihm. Der Hauptmann brüllte vor Lachen und sagte:

»Großer Gott! Ihr seid ein Rabbi und Ihr nehmt Träume ernst? Wenn ich so dumm wäre, um mich nach meinen Träumen zu richten, würde ich heute in Polen herumwandern. Ich will Euch einen erzählen, den ich letzte Nacht hatte und der häufig wiederkehrt: Eine Stimme sagte mir, ich solle nach Krakau gehen und in der Küchenecke eines gewissen Isaak, Sohn des Ezechiel, nach einem Schatz graben! Wäre es nicht die dümmste Sache der Welt, in Krakau nach einem Mann namens Isaak zu suchen, und nach einem anderen, der Ezechiel heißt, wenn dort die Hälfte der männlichen Bevölkerung den einen Namen trägt und die andere Hälfte den anderen?«

Der Rabbi war starr vor Staunen. Er dankte dem Hauptmann für seinen Rat, eilte nach Hause, grub ein Loch in seiner Küche und fand dort einen so großen Schatz, dass er bis zu seinem Tode ein sorgenfreies Leben führen konnte.

Gib mir eine Chance

Ein frommer und religiöser Mann hatte schwere Zeiten durchzumachen. Er versuchte es nun mit folgendem Gebet:

»Herr, erinnere dich an all die Jahre, in denen ich dir diente, so gut ich konnte und nichts dafür verlangte. Nun, da ich alt und bankrott bin, möchte ich dich zum ersten Mal in meinem Leben um eine Gunst bitten, und ich bin sicher, du wirst sie nicht abschlagen: Lass mich in der Lotterie gewinnen.«

Tage vergingen, dann Wochen und Monate. Nichts geschah. Schließlich rief er eines Nachts voller Verzweiflung: »Warum gibst du mir keine Chance, Gott?«

Plötzlich hörte er die Stimme Gottes: »Gib mir auch eine Chance! Warum kaufst du dir kein Los?«

Der gefangene Löwe

Ein Löwe geriet in Gefangenschaft und wurde in ein Lager gebracht, wo er zu seinem Erstaunen noch andere Löwen antraf, die schon jahrelang dort waren, einige sogar ihr ganzes Leben, denn sie waren dort geboren. Er lernte bald die sozialen Betätigungen der Lagerlöwen kennen. Sie schlossen sich in Gruppen zusammen. Eine Gruppe bestand aus den Gesellschaftslöwen; eine andere ging ins Showgeschäft; wieder eine andere betätigte sich kulturell, um die Bräuche, die Traditionen und die Geschichte jener Zeiten zu bewahren, als die Löwen in Freiheit lebten. Andere Gruppen waren religiös – sie kamen zusammen, um zu Herzen gehende Lieder zu singen von einem künftigen Dschungel ohne Zäune. Einige Gruppen fanden Zulauf von denen, die sich von Natur aus für Literatur und Kunst interessierten; wieder andere waren revolutionär gesonnen, sie trafen sich, um sich gegen ihre Wärter zu verschwören oder gegen andere revolutionäre Gruppen Pläne zu schmieden. Ab und zu brach eine Revolution aus, die eine oder andere Gruppe wurde ausgelöscht, oder alle Wärter wurden umgebracht und durch andere ersetzt.

Als sich der Neuankömmling umsah, bemerkte er einen Löwen, der stets tief in Gedanken versunken schien, ein Einzelgänger, der keiner Gruppe angehörte und sich meistens von allen fernhielt. Es war etwas Seltsames um ihn, das sowohl die Bewunderung der anderen hervorrief, aber auch ihre Feindseligkeit, denn seine Gegenwart erzeugte Angst und Selbstzweifel. Er sagte zu dem Neuankömmling: »Schließ dich keiner Gruppe an. Diese armen Narren kümmern sich um alles, bloß nicht um das Wesentliche.«

»Und was ist das?«, fragt der Neuankömmling.

»Über die Art des Zaunes nachzudenken.«

Nichts, aber auch gar nichts anderes ist wichtig!

Die Wand niederreißen

Als seine Jünger sich an ihn wandten und ihn
auf die gewaltigen Bauten des Tempels hinwiesen,
sagte er zu ihnen: Seht ihr das alles?
Amen, das sage ich euch: kein Stein wird hier
auf dem anderen bleiben;
alles wird niedergerissen werden.

MATTHÄUS 24,1–2

Stellen Sie sich einmal einen schlaffen Menschen vor – Schichten von Fett umgeben ihn. Genau so kann Ihr Verstand werden: schlaff und in Fettschichten eingebettet, bis er aus Trägheit und Faulheit nicht mehr beobachten, erkunden, entdecken kann. Er verliert seine Wachheit, seine Lebendigkeit, seine Spannkraft und legt sich zur Ruhe. Sie brauchen sich nur einmal umzuschauen und werden bald feststellen, dass der Verstand vieler Menschen nicht anders ist: träge, müde, mit Fettschichten bedeckt; dabei möchte er nicht gestört oder gefragt werden, um nicht vielleicht doch wach zu werden.

Was sind diese Fettschichten? Jede festgelegte Meinung, jedes Urteil über Menschen und Dinge, zu dem Sie gekommen sind, jede Gewohnheit und jede Abhängigkeit. In den Entwicklungsjahren hätte man Ihnen helfen sollen, diese Schichten eine nach der anderen abzutragen und Ihren Geist zu befreien. Statt dessen wurden Sie von der Gesellschaft und der Kultur, die Ihren Verstand in erster Linie mit diesen Schichten umgeben haben, dazu erzogen, dies gar nicht zu erkennen, sich ruhig schlafen zu legen und anderen Leuten das Denken für Sie zu überlassen, den Experten: Politikern, maßgebenden Köpfen auf dem Gebiet der Kultur und Religion. Auf diese Weise werden Sie von einer Last ungeprüfter, nicht infrage gestellter Autorität und Tradition niedergedrückt.

Nehmen wir eine Schicht nach der anderen etwas näher unter die Lupe; zuerst Ihre Überzeugungen. Führen Sie ein Leben als Kommunist oder Kapitalist, als Muslim oder Jude – um nur diese zu nennen –, so leben Sie einseitig und voreingenommen; zwischen Ihnen und der Wirklichkeit ist eine Barriere, eine Fettschicht, weil Sie sie nicht mehr direkt sehen und mit ihr in Berührung kommen.

Zweite Schicht: Ihre Vorstellungen. Wenn Sie an Ihrer Vorstellung von einem Menschen festhalten, lieben Sie nicht mehr diese Person, sondern nur Ihr eigenes Bild von ihr. Sie sehen diese Person etwas tun oder sagen, sich in einer bestimmten Weise verhalten und stecken sie dabei in eine Schublade: »Sie ist dumm oder er ist langweilig, er ist scheußlich oder sie ist sehr nett« usw. Damit haben Sie einen Schirm, eine Fettschicht zwischen sich und diesem Menschen errichtet, denn treffen Sie ihn das nächste Mal, nehmen Sie ihn nur in den Begriffen Ihrer Vorstellung von ihm wahr, auch wenn er sich noch so verändert hat. Prüfen Sie einmal, ob das nicht für die meisten Menschen, die Sie kennen, zutrifft.

Dritte Schicht: Gewohnheiten. Sie sind ein wesentlicher Bestandteil des menschlichen Lebens. Wir könnten nicht gehen, sprechen oder Auto fahren, würden wir uns dabei nicht auf die Gewohnheiten verlassen. Doch Gewohnheiten müssen sich auf mechanische Vorgänge beschränken – und können nicht für die Liebe oder für Sichtweisen gelten. Wer möchte aus Gewohnheit geliebt werden? Haben Sie schon einmal am Meer gestanden und wie gebannt die mächtigen Wellen und die majestätische Weite des Ozeans betrachtet? Ein Fischer schaut jeden Tag aufs Meer und nimmt von dessen Großartigkeit kaum Notiz. Warum? Es ist die abstumpfende Wirkung einer Fettschicht, die Gewohnheit heißt: Sie haben sich von allen Dingen, die Sie sehen, feste Vorstellungen gebildet, und begegnen Sie ihnen, so nehmen Sie diese nicht in ihrer ganzen, sich verändernden Neuheit wahr, sondern nur in denselben dummen, dumpfen und langweiligen Vorstellungen, die Sie aus Gewohnheit angenommen haben. Nicht anders verhalten Sie sich Menschen gegenüber: keine Frische, kein neues Sehen, sondern immer diese langweilige Routine aus Gewohnheit. Sie sind nicht imstande, sie in anderer, kreativer Weise zu sehen. Da das Betrachten der Welt und der Mitmenschen sich zu einer Gewohnheit entwickelt hat, können Sie Ihren Verstand auf »automatische Steuerung« umschalten und sich schlafen legen.

Vierte Schicht: Ihre Abhängigkeiten und Ängste. Diese Schicht ist am leichtesten zu erkennen. Breiten Sie eine dicke Decke aus Abhängigkeit und Angst (und somit Abneigung) über alles und jeden, und sofort werden Sie nichts mehr so sehen, wie es wirklich ist. Rufen Sie sich einige Menschen ins Gedächtnis, die Sie nicht mögen, vor denen Sie sich fürchten oder an denen Sie hängen, und Sie werden sehen, wie sehr dies zutrifft.

Ist Ihnen jetzt klar geworden, dass Sie in einem Gefängnis sitzen, das aus Überzeugungen und Traditionen Ihrer Gesellschaft und Kultur, aus Vorstellungen, Vorurteilen, Abhängigkeiten und Ängsten aus Ihrer Vergangenheit besteht? Mauer um Mauer umgibt Ihre Zelle, und es scheint beinahe unmöglich, daraus auszubrechen, um mit dem Reichtum des Lebens, der Liebe und der Freiheit, der hinter Ihren Gefängnismauern liegt, in Berührung zu kommen. Und doch ist diese Aufgabe durchaus nicht unmöglich, sondern sogar einfach und schön. Was können Sie tun, um auszubrechen? Wiederum viererlei:

Erstens: Machen Sie sich klar, dass Sie von Gefängnismauern umgeben sind und dass sich Ihr Verstand schlafen gelegt hat. Den meisten Leuten gelingt es nicht, dies einzusehen, und so leben und sterben sie als Gefängnisinsassen. Die meisten Leute enden schließlich als Konformisten; sie passen sich dem Gefängnisleben an. Einige werden Reformer; sie kämpfen für bessere Haftbedingungen: bessere Beleuchtung, bessere Belüftung. Kaum einer oder eine wird ein Rebell, eine Revolutionärin, die die Gefängnismauern niederreißt. Sie können nur dann zum Revolutionär werden, wenn Sie erst einmal die Gefängnismauern erkennen.

Zweitens: Betrachten Sie die Mauern: Verwenden Sie viel Zeit auf die Beobachtung Ihrer Vorstellungen, Ihrer Gewohnheiten, Ihrer Abhängigkeiten und Ihrer Ängste, ohne zu urteilen oder zu verurteilen. Schauen Sie sie an, und sie werden sich auflösen.

Drittens: Nehmen Sie sich Zeit, die Menschen und Dinge Ihrer Umgebung zu beobachten. Schauen Sie, aber schauen Sie alles wirklich so an, als wäre es das erste Mal: das Gesicht eines Freundes, ein Blatt, einen Baum, einen Vogel in der Luft, das Verhalten Ihrer Mitmenschen, betrachten Sie ihr Gehabe. Sehen Sie sich das alles genau an, und Sie werden sie hoffentlich neu sehen, so wie sie sind, ohne die abstumpfende, lähmende Wirkung Ihrer Vorstellungen und Gewohnheiten.

Der vierte und wichtigste Schritt: Setzen Sie sich still hin und beobachten Sie, wie Ihr Verstand arbeitet. Da ist ein ständiger Strom von Gedanken, Gefühlen und Reaktionen. Beobachten Sie das alles eine ganze Weile, so wie Sie vielleicht einen Fluss oder einen Film anschauen. Bald werden Sie es weitaus fesselnder als einen Fluss oder Film finden und um vieles lebendiger und befreiender.

Schließlich: Können Sie eigentlich von sich sagen, lebendig zu sein, wenn Sie sich nicht einmal Ihrer eigenen Gedanken und Reaktionen bewusst sind? Man sagt, ein unbewusstes Leben ist nicht wert, gelebt zu werden. Es kann nicht einmal Leben genannt werden; es ist ein mechanisches Roboterdasein; ein Schlaf, eine Bewusstlosigkeit, ein Totsein; und dennoch ist es das, was die Menschen menschliches Leben nennen!

Also schauen Sie, beobachten Sie, fragen Sie, erforschen Sie – und Ihr Verstand wird lebendig werden, sein Fett verlieren und scharf, wach und aktiv sein. Ihre Gefängnismauern werden einstürzen, bis kein Stein des Tempels mehr auf dem anderen ist, und Sie werden mit dem Geschenk einer ungehinderten Sicht der Dinge gesegnet sein – der Dinge, so wie sie sind –, mit der unmittelbaren Erfahrung der Wirklichkeit.

Vermutungen

Jäger charterten ein Flugzeug, das sie in ein Waldgebiet bringen sollte. Nach zwei Wochen kam der Pilot, um sie wieder abzuholen. Er warf einen Blick auf die erlegten Tiere und sagte: »Diese Maschine kann nicht mehr als einen Büffel transportieren. Die anderen müssen Sie zurücklassen.«

»Aber im letzten Jahr erlaubte uns der Pilot, zwei Tiere in einer Maschine von dieser Größe mitzunehmen«, protestierten die Jäger.

Der Pilot war skeptisch, sagte aber schließlich: »Wenn Sie es voriges Jahr so gemacht haben, können wir es vermutlich wieder tun.«

Also hob die Maschine ab mit den drei Männern und zwei Büffeln an Bord. Doch sie konnte keine Höhe gewinnen und prallte gegen einen naheliegenden Berg. Die Männer kletterten heraus und blickten sich um. Ein Jäger sagte zu dem anderen: »Wo glaubt ihr, sind wir?« Der andere sah prüfend in die Runde und erwiderte: »Ich glaube, wir befinden uns ungefähr zwei Meilen links von der Stelle, an der wir im letzten Jahr abgestürzt sind.«

Christus kennen

Ein Gespräch zwischen einem kürzlich zu Christus bekehrten Mann und einem ungläubigen Freund: »Du bist also zu Christus bekehrt worden?«

»Ja.«

»Dann musst du eigentlich gut über ihn Bescheid wissen. Sag mir: in welchem Land wurde er geboren?«

»Das weiß ich nicht.«

»Wie alt war er, als er starb?«

»Das weiß ich nicht.«

»Wie viele Predigten hat er gehalten?«

»Das weiß ich nicht.«

»Du weißt aber wirklich sehr wenig für jemand, der behauptet, zu Christus bekehrt worden zu sein!«

»Du hast recht. Ich schäme mich, so wenig von ihm zu wissen. Aber so viel weiß ich: Noch vor drei Jahren war ich ein Trinker. Ich hatte Schulden. Meine Familie brach auseinander. Meine Frau und Kinder fürchteten sich jeden Abend vor meiner Heimkehr. Aber jetzt habe ich das Trinken aufgegeben; wir haben keine Schulden mehr; wir sind eine glückliche Familie. Meine Kinder erwarten mich ungeduldig jeden Abend. Das alles hat Christus für mich getan. So viel weiß ich von Christus!«

Wirklich wissen heißt, von diesem Wissen verändert zu werden.

Die Parabel von den Krücken

Als ein Dorfvorsteher durch einen Unfall seine Beine nicht mehr gebrauchen konnte, lernte er, mit Krücken zu gehen. Allmählich war er imstande, sich sehr schnell fortzubewegen, sogar zu tanzen und kleine Pirouetten zu drehen, um seine Nachbarn zu unterhalten.

Dann hatte er die Idee, seinen Kindern den Gebrauch von Krücken beizubringen. Bald wurde es in dem Dorf zum Statussymbol, auf Krücken zu gehen, und binnen Kurzem tat es jeder. In der vierten Generation konnte niemand mehr im Dorf ohne Krücken gehen. Die Dorfschule nahm in ihren Lehrplan »Krückenlaufen – Theorie und Praxis« auf, und die Handwerker im Dorf wurden berühmt für die Qualität der von ihnen hergestellten Krücken. Man sprach sogar davon, elektronische, batteriegetriebene Krücken zu entwickeln.

Eines Tages trat ein junger Mann vor den Ältestenrat des Dorfes und wollte wissen, warum jedermann mit Krücken zu gehen habe, während Gott doch den Menschen Beine zum Laufen gegeben habe. Die Dorfältesten waren belustigt, dass dieser Grünschnabel sich für klüger hielt als sie, und beschlossen daher, ihm eine Lektion zu erteilen. »Warum zeigst du uns nicht, wie man es macht?«, fragten sie.

»Einverstanden«, rief der junge Mann.

Eine Demonstration wurde für zehn Uhr am nächsten Sonntag auf dem Dorfplatz vereinbart. Alle waren anwesend, als der junge Mann mit seinen Krücken in die Mitte des Platzes humpelte. Als die Dorfuhr die volle Stunde schlug, stellte er sich aufrecht hin und ließ seine Krücken fallen. Stille breitete sich über der Versammlung aus, als er einen Schritt vorwärts tat – und platt aufs Gesicht fiel. Damit wurde jedermann in seinem Glauben bestätigt, dass es völlig unmöglich war, ohne die Hilfe von Krücken zu gehen.

Erwachsensein

Zu einem Schüler, der ständig am Beten war, sagte der Meister: »Wann wirst du aufhören, dich auf Gott zu stützen, und lernen, auf eigenen Füßen zu stehen?«

Der Schüler war erstaunt: »Aber gerade Ihr habt uns gelehrt, Gott als unseren Vater anzusehen!«

»Wann wirst du lernen, dass ein Vater nicht jemand ist, auf den man sich stützen kann, sondern jemand, der dich von deinem Anlehnungsbedürfnis befreit?«

Verpasste Gelegenheit

Der alte Mann hatte den größten Teil seines Lebens auf einer Insel verbracht, die als eine der schönsten der Welt galt. Nun war er zurückgekommen, um nach seiner Pensionierung in der Großstadt zu leben. Jemand sagte zu ihm: »Es muss herrlich gewesen sein, so viele Jahre auf einer Insel zu leben, die zu den Wundern dieser Welt gezählt wird.«

Der alte Mann dachte ein wenig nach und sagte dann:

»Um ehrlich zu sein, wenn ich gewusst hätte, dass sie so berühmt ist, hätte ich sie mir angesehen.«

Menschen sind zum Sehen geboren und brauchen es nicht zu lernen. Sie sollten nur vor Lehrern geschützt werden, die sie blind machen.

Nebensächlichkeit

An jenem Tag ging es während der öffentlichen Versammlung bei allen Fragen um das Leben jenseits des Grabes.

Der Meister lachte nur und gab keine einzige Antwort.

Seinen Schülern, die wissen wollten, warum er auswich, sagte er später: »Habt ihr nicht bemerkt, dass es ausgerechnet diejenigen sind, die nichts mit diesem Leben anzufangen wissen, die ein weiteres, ewig währendes wollen?«

»Aber gibt es nun Leben nach dem Tode oder nicht?«, beharrte ein Schüler.

»Ist das Leben vor dem Tod – das ist die Frage!«, sagte der Meister hintergründig.

Über den wahren Egoismus

Was ich Ihnen als Erstes begreiflich machen möchte, wenn Sie wirklich wach werden wollen, ist, dass Sie gar nicht wach werden möchten. Der erste Schritt zum Wachwerden besteht darin, ehrlich genug zu sein und zuzugeben, dass Sie es nicht möchten. Sie wollen gar nicht glücklich sein. Soll ich es Ihnen zeigen? Machen wir die Probe. Es braucht dafür kaum mehr als eine Minute.

Sie können dabei die Augen schließen oder offen lassen, wie es Ihnen lieber ist. Denken Sie an jemanden, den Sie sehr lieben, jemanden, dem Sie nahestehen, der Ihnen viel bedeutet, und sagen Sie in Gedanken zu ihm: »Ich würde lieber glücklich sein, als dich zu haben.«

Schauen Sie, was passiert: »Ich würde lieber glücklich sein, als dich zu haben. Wenn ich die Wahl hätte, würde ich mich ohne Frage fürs Glücklichsein entscheiden.« Doch wer fühlte sich dabei nicht selbstsüchtig, als er sich das sagte? Sicherlich viele.

Sehen Sie, wie wir in unserer Meinung beeinflusst sind, wie unser Denken dahin gebracht wurde, dass wir uns sagten: »Wie kann ich nur so selbstsüchtig sein?«

Doch schauen Sie einmal, wer wirklich selbstsüchtig ist: Stellen Sie sich vor, jemand sagt zu Ihnen: »Wie kannst du nur so selbstsüchtig sein, dass du das Glücklichsein mir vorziehst?«

Würden Sie dann nicht am liebsten antworten: »Entschuldige mal, aber wie kannst du nur so selbstsüchtig sein, dass du verlangst, ich sollte dich über mein Glücklichsein stellen?!«

Eine Frau erzählte mir einmal von ihrem Vetter, dem Jesuitenpater; sie war damals noch ein Kind, als er in der Jesuitenkirche in Milwaukee Einkehrtage hielt. Jeden Vortrag begann er mit den Worten: »Der Prüfstein der Liebe ist das Opfer, das Maß der Liebe ist die Selbstlosigkeit.« Ein großartiger Satz!

Ich stellte der Frau die Frage: »Würden Sie wünschen, dass ich Sie liebe, auch wenn ich dann nicht mehr glücklich sein könnte?« »Ja«, erwiderte sie. –

Ist das nicht ganz entzückend? Sie würde mich lieben und könnte nicht mehr glücklich sein, und ich würde sie lieben und könnte auch nicht mehr glücklich sein. So hätten wir zwei unglückliche Menschen, doch – lang lebe die Liebe!

Einer von euch ist der Messias

Ein in seiner Höhle im Himalaja meditierender Guru öffnete die Augen und erblickte einen unerwarteten Besucher – den Abt eines wohlbekannten Klosters. »Was sucht Ihr?«, fragte der Guru.

Der Abt erzählte eine leidvolle Geschichte. Sein Kloster war einst in der ganzen westlichen Welt berühmt. Junge Aspiranten füllten die Zellen, und seine Kirche hallte wider vom Gesang der Mönche. Aber das Kloster hatte schwere Zeiten durchzumachen. Die Menschen strömten nicht mehr herbei, um geistige Nahrung aufzunehmen, der Zustrom junger Aspiranten war versiegt, in der Kirche war es still geworden. Nur ein paar Mönche waren geblieben, und sie gingen schweren Herzens ihren Aufgaben nach. Der Abt wollte nun wissen: »Ist das Kloster um unserer Sünde willen in einen solchen Zustand verfallen?«

»Ja«, sagte der Guru, »die Sünde der Ahnungslosigkeit.«

»Und was ist das für eine Sünde?«

»Einer von euch ist der Messias – verkleidet – und ihr merkt es nicht.« Nachdem er das gesagt hatte, schloss der Guru seine Augen und versank wieder, in Meditation.

Während der beschwerlichen Rückreise zum Kloster schlug das Herz des Abtes schneller bei dem Gedanken, dass der Messias – der Messias in Person – auf die Erde zurückgekehrt war und sich in seinem Kloster befand.

Wie war es möglich, dass er ihn nicht erkannt hatte? Und wer konnte es sein? Der Bruder Koch? Der Bruder Sakristan? Der Bruder Verwalter? Der Bruder Prior? Nein, der nicht, er hatte leider zu viele Fehler. Aber der Guru hatte doch gesagt, der Messias wäre da in Verkleidung. Konnten diese Fehler gerade seine Verkleidung sein? Bei genauerer Überlegung hatte jeder im Kloster seine Fehler. Und einer von ihnen musste der Messias sein!

Als er wieder im Kloster war, versammelte er die Mönche und sagte ihnen, was er gehört hatte. Ungläubig guckten sie einander an. Der Messias? Hier? Unglaublich! Und doch hieß es, er sei hier in Verkleidung. Wenn es nun der und der wäre? Oder der dort drüben? Oder ...

Eine Sache war sicher: Wenn der Messias sich hier verkleidet befand, war es nicht sehr wahrscheinlich, dass sie ihn erkennen würden. Also ließen sie es sich angelegen sein, jeden respektvoll und mit Rücksicht zu behandeln. »Man kann nie wissen«, sagten sie sich, wenn sie miteinander zu tun hatten, »vielleicht ist es gerade der.«

Die Folge war, dass im Kloster eine ansteckend fröhliche Stimmung herrschte. Aspiranten bemühten sich bald wieder um Aufnahme in den Orden und erneut hallte die Kirche wider von dem frommen und frohgemuten Gesang der Mönche, die vom Geist der Liebe beseelt waren.

Was nützen Augen, wenn das Herz blind ist?

Wir sind drei, du bist drei

Als das Schiff des Bischofs für einen Tag an einer fernen Insel anlegte, beschloss er, diesen Tag so gut wie möglich zu nutzen. Er schlenderte am Strand entlang und traf drei Fischer, die ihre Netze flickten. In Pidgin-Englisch erklärten sie ihm, dass sie vor vielen Jahrhunderten von Missionaren christianisiert worden waren. »Wir Christen!«, sagten sie und zeigten stolz auf sich.

Der Bischof war beeindruckt. Kannten sie das Vaterunser? Davon hatten sie noch nie gehört. Der Bischof war schockiert. Wie konnten diese Männer behaupten, Christen zu sein, wenn sie nicht etwas so Grundlegendes wie das Vaterunser kannten?

»Was sagt ihr also, wenn ihr betet?«

»Wir heben Augen zu Himmel. Wir beten: ›Wir sind drei, du bist drei, sei uns gnädig.‹« Der Bischof war bestürzt über dieses primitive, ja zutiefst ketzerische Gebet. So verbrachte er den ganzen Tag damit, sie das Gebet des Herrn zu lehren. Die Fischer lernten schwer, aber sie strengten sich an, und ehe der Bischof am nächsten Tag die Segel setzte, hörte er befriedigt, wie sie das ganze Gebet fehlerfrei aufsagten.

Monate später passierte das Schiff des Bischofs zufällig wieder diese Inseln. Als er auf dem Deck betend hin- und herging, erinnerte er sich mit Freuden daran, dass es auf jener fernen Insel drei Männer gab, die dank seiner geduldigen Bemühungen nun korrekt beten konnten. Als er gedankenverloren aufblickte, sah er im Osten einen hellen Fleck. Das Licht kam auf das Schiff zu, und als der Bischof verwundert hinsah, erkannte er drei Gestalten, die sich auf dem Wasser dem Schiff näherten. Der Kapitän stoppte, alle Matrosen beugten sich über die Reling, um das erstaunliche Ereignis zu sehen.

Als sie so nahe waren, dass man sie verstehen konnte, erkannte der Bischof seine drei Freunde, die Fischer.

»Bischof!«, riefen sie, »wir so froh, dich zu sehen. Wir hören, dein Boot an Insel vorbeifahren, wir schnell schnell kommen, dich zu treffen.«

»Was wollt ihr?«, fragte der Bischof ehrfürchtig.

»Bischof«, sagten sie, »wir so sehr traurig. Wir vergessen schönes Gebet. Wir sagen: Unser Vater im Himmel, geheiligt sei dein Name, dein Reich komme... dann wir vergessen. Bitte sage uns ganzes Gebet noch einmal.«

Demütig sagte der Bischof: »Geht nach Hause zurück, gute Leute, und sagt, wenn ihr betet: ›Wir sind drei, du bist drei, sei uns gnädig!‹«

Ich habe oft alte Frauen beobachtet, die in der Kirche endlose Rosenkränze beten. Wie sollte Gott wohl durch dieses unzusammenhängende Gemurmel gepriesen werden? Aber jedes Mal, wenn ich in ihre Augen oder emporgewandten Gesichter sehe, weiß ich in meinem Herzen, dass sie Gott näher sind als viele kluge Leute.

Das Herz einer Maus

Nach einer alten indischen Fabel lebte eine Maus in ständiger Sorge, weil sie Angst vor der Katze hatte. Ein Zauberer hatte Mitleid mit ihr und verwandelte sie in eine Katze. Aber dann hatte sie Angst vor dem Hund. Also verwandelte sie der Zauberer in einen Hund. Da begann sie den Panther zu fürchten, also verwandelte sie der Zauberer in einen Panther. Nun hatte sie große Angst vor dem Jäger.

Da gab der Zauberer auf. Er verwandelte sie wieder in eine Maus und sagte: »Nichts, was ich für dich tun kann, wird dir helfen, denn du hast das Herz einer Maus.«

Gott ist hier draußen

Es war einmal eine gläubige und fromme Frau, die Gott liebte. Jeden Morgen ging sie in die Kirche. Unterwegs riefen ihr die Kinder zu, Bettler sprachen sie an, aber sie war so in sich versunken, dass sie nichts wahrnahm.

Eines Tages ging sie wie immer die Straße hinab und erreichte gerade rechtzeitig zum Gottesdienst die Kirche. Sie drückte an der Tür, doch sie ließ sich nicht öffnen. Sie versuchte es heftiger und fand die Tür verschlossen.

Der Gedanke, dass sie zum ersten Mal in all den Jahren den Gottesdienst versäumen würde, bedrückte sie. Ratlos blickte sie auf und sah genau vor ihrem Gesicht einen Zettel an der Tür.

Darauf stand: »Ich bin hier draußen!«

Das Gebet des Frosches

Als Bruder Bruno eines Nachts betete, fühlte er sich durch das Quaken eines Ochsenfrosches gestört. Er versuchte, es nicht zu beachten, doch umsonst. Wütend schrie er aus dem Fenster: »Ruhe! Ich bete gerade.«

Bruder Bruno war ein Heiliger, und so wurde sein Befehl sofort befolgt. Alle Kreatur verstummte, damit eine dem Gebet dienliche Stille einkehren konnte.

Aber nun drängte sich ein anderer Laut in Brunos Gebete – eine innere Stimme, die ihm sagte: »Vielleicht gefällt Gott das Quaken dieses Frosches genauso wie der Gesang deiner Psalmen.« – »Was kann Gott am Quaken eines Frosches gefallen?«, erwiderte Bruno spöttisch. Doch die Stimme gab nicht nach: »Warum glaubst du, hat Gott diesen Laut geschaffen?«

Bruno beschloss, eben dies herauszufinden. Er beugte sich aus dem Fenster und befahl: »Sing!« Das bedächtige Gequake des Frosches erfüllte wieder die Luft und wurde von allen Fröschen der Nachbarschaft vielstimmig aufgenommen. Und als Bruder Bruno die Laute auf sich wirken ließ, klangen die Stimmen, da er sich nicht länger gegen sie sträubte, durchaus nicht mehr schrill, sondern verschönerten tatsächlich die nächtliche Stille.

Diese Entdeckung brachte Bruder Brunos Herz in Einklang mit dem Universum, und er verstand zum ersten Mal in seinem Leben, was beten heißt.

Vor uns der Tod

Ich habe schon bei mancher Gelegenheit gesagt, dass der Weg zu wirklichem Leben Sterben ist. Eine Hinführung zum Leben ist, sich vorzustellen, man läge im eigenen Grab: Sie sehen sich darin liegen, in der Haltung, die Ihnen am besten erscheint. In Indien setzt man die Toten mit gekreuzten Beinen hin. Oft trägt man sie so zur Verbrennung, oft werden sie aber auch hingelegt. Stellen Sie sich also vor, Sie liegen ausgestreckt im Sarg und sind tot. Aus dieser Perspektive betrachten Sie nun Ihre Probleme. Alles sieht auf einmal ganz anders aus, oder?

Das ist eine schöne Meditation, die Sie jeden Tag, wenn Sie die Zeit haben, machen sollten. Es ist unglaublich, aber Sie werden lebendig werden. (...)

Um das Leben zu sehen, wie es wirklich ist, hilft nichts so sehr wie die Tatsache des Todes.

Ich schaue in mein Grab hinein und finde eine Handvoll Staub und zerbröckelte Knochen im Sarg.

Meine Augen bleiben an diesem Staub hängen, und ich denke an mein Leben zurück:

Erfolge und Tragödien ...

Ängste und Freuden ...

Mühen, Konflikte ...

Bestrebungen und Wunschträume ...

Liebe und Abneigung ...

all das, was mein Leben ausgemacht hat. Und all das ist nun vom Wind verweht, vom Universum verschlungen ... Nur noch ein wenig Staub ist übrig geblieben als Zeichen, dass es einmal etwas gegeben hat: mein Leben.

Wie ich so diesen Staub betrachte, kommt es mir vor, als fiele eine schwere Last von meinen Schultern: die Last meiner Einbildung, etwas zu bedeuten …

Dann blicke ich auf und betrachte die Welt um mich: die Bäume, die Vögel, die Erde, die Sterne, den Sonnenschein, den Schrei eines Säuglings, einen vorüberfahrenden Zug, die eilenden Wolken, den Tanz des Lebens und des Universums … und ich weiß, dass in allem irgendwo die Überreste jenes Menschen sind, den ich »Ich« genannt habe, und jenes Leben, welches das meine war.

Sooft ich diese Meditation vortrage, sagen die Leute: »Wie bedrückend!«

Doch was ist denn daran so bedrückend? Die Wirklichkeit, um Himmels willen! Viele wollen freilich die Wirklichkeit nicht sehen und nicht an den Tod denken. Die Menschen leben nicht, die meisten leben nicht, sondern erhalten nur ihren Körper am Leben. Das ist kein Leben. Sie fangen erst dann an zu leben, wenn es Ihnen einerlei ist, ob Sie leben oder sterben. Erst dann leben Sie. Wenn Sie dazu bereit sind, Ihr Leben zu verlieren, leben Sie. Wenn Sie Ihr Leben aber abschirmen, sind Sie tot. Wenn Sie da oben auf dem Dachboden sitzen, und ich sage: »Kommen Sie doch herunter!« Und Sie antworten: »O nein, ich habe gelesen, dass Leute eine Treppe hinuntergegangen und ausgerutscht sind und sich das Genick gebrochen haben; das ist zu gefährlich.«

Oder ich kann Sie nicht dazu bewegen, über die Straße zu gehen, weil Sie sagen: »Sie wissen wohl nicht, wie viele Leute schon überfahren wurden, als sie über die Straße gingen?« Wenn ich Sie nicht dazu bringen kann, eine Straße zu überqueren, wie kann ich Sie dann dazu bewegen, einen Kontinent zu überqueren? Und wenn ich

Sie nicht dazu bewegen kann, über Ihren Tellerrand von Ansichten und Überzeugungen hinaus in eine andere Welt zu blicken, sind Sie tot, unweigerlich tot; das Leben ist an Ihnen vorbeigegangen. Sie sitzen in Ihrem kleinen Gefängnis und fürchten sich, Sie könnten Ihren Gott verlieren, Ihre Religion, Ihre Freunde, wer weiß, was noch.

Das Leben ist eines für Spieler. Genau das sagte Jesus. Sind Sie bereit, das Risiko einzugehen? Wissen Sie, wann Sie bereit dazu sind? Wenn Sie das herausgefunden haben, wenn Sie wissen, dass das, was man Leben nennt, nicht wirkliches Leben ist. Die Menschen meinen fälschlicherweise, Leben bedeute, seinen Körper am Leben zu erhalten. Lieben Sie also den Gedanken an den Tod. Kommen Sie immer und immer wieder auf ihn zurück. Denken Sie an die Schönheit dieser Leiche, dieses Skeletts, dieser Knochen, wie sie zerfallen, bis nur noch eine Handvoll Staub von Ihnen bleibt. Dann werden Sie sehr erleichtert sein. Mag sein, dass manche dies alles von sich weisen. Sie fürchten jeden Gedanken daran. Dabei ist es sehr erleichternd, aus dieser Perspektive auf sein Leben zu blicken.

Oder besuchen Sie einen Friedhof. Es ist eine überaus läuternde und tiefe Erfahrung. Sie entdecken einen Namen und sagen sich: »Ach, vor so langer Zeit hat er gelebt, vor zwei Jahrhunderten! Ihn müssen dieselben Probleme geplagt haben wie mich, er muss manch schlaflose Nacht gehabt haben. Es ist seltsam, wir leben nur so kurze Zeit.«

Ein italienischer Dichter sagte: »Wir leben in einem kurzen Aufblitzen von Licht; der Abend kommt, und es ist für immer Nacht.« Es ist nur ein Aufblitzen, und wir nutzen es nicht. Wir vertun es mit unserer Furcht, unseren Sorgen, unseren Bedenken, unseren Belastungen. Versuchen Sie es mit dieser Meditation, können Sie am Ende Informationen gewonnen haben – oder Bewusstheit. Und in diesem Moment des Bewusstwerdens sind Sie neu. Zumindest so lange es anhält. Dann werden Sie den Unterschied zwischen Information und Bewusstheit erfahren.

Verheimlichung

Der Meister erzählte einmal von einer kostbaren antiken Schale, die bei einer öffentlichen Versteigerung ein Vermögen einbrachte. Ein Landstreicher, der in Armut gestorben war, hatte damit um Almosen gebettelt, ohne ihren Wert zu ahnen.

Als ein Schüler den Meister fragte, was die Schale bedeuten sollte, sagte der Meister: »Dein Selbst.«

Man bat ihn, das näher zu erklären. Er sagte: »Ihr verschwendet eure Aufmerksamkeit auf Kleinkram, den ihr als Wissen bei Lehrern und aus Büchern sammelt. Ihr tätet besser, die Schale zu beachten, in der ihr dieses Wissen aufnehmt.«

Der Teufel und sein Freund

Eines Tages machte der Teufel mit einem Freund einen Spaziergang. Sie sahen, wie sich vor ihnen ein Mann bückte und etwas aufhob.

»Was hat dieser Mann gefunden?«, fragte der Freund.

»Ein Stück Wahrheit«, sagte der Teufel.

»Beunruhigt dich das nicht?«, fragte der Freund.

»Nein, durchaus nicht«, sagte der Teufel, »ich werde ihm gestatten, ein religiöses Glaubensbekenntnis daraus zu machen.«

Ein religiöses Bekenntnis ist ein Wegweiser, der den Weg zur Wahrheit zeigt. Menschen, die sich krampfhaft an den Wegweiser halten, werden daran gehindert, auf die Wahrheit zuzugehen, weil sie irrtümlicherweise glauben, sie schon zu besitzen.

Standortbestimmung

»Erleuchtung«, sagte der Meister, »heißt, genau zu wissen, wo du dich in jedem Moment befindest – eine keineswegs leichte Aufgabe.«

Und er erzählte von einem allseits geliebten Freund, der noch in seinen hohen achtziger Jahren Einladungen zu Dutzenden von Feiern erhielt. Einmal wurde er auf einer Party entdeckt und gefragt, wie vielen er an diesem Abend seine Aufwartung machte.

»Sechs«, sagte der ältere Herr, ohne den Blick von seinem kleinen Notizbuch zu heben.

»Was machen Sie da? Sehen Sie nach, zu wem Sie als Nächstem gehen müssen?«, fragte ihn jemand.

»Nein«, antwortete der dynamische Bursche. »Ich stelle fest, wo ich gerade bin.«

Getäuscht

Als der Meister gefragt wurde, wie man Stille entdecken kann, erzählte er diese Geschichte:

Eine Faktorei war am Ankauf von Ochsenfroschhäuten interessiert. Ein Farmer telegrafierte der Firma, dass er jede Anzahl nach Bedarf liefern könnte, bis zu hunderttausend Häute und mehr. Die Firma drahtete zurück: Bitten um erste Lieferung von fünfzigtausend.«

Zwei Wochen später traf mit der Post eine einzige Brüllfroschhaut ein und dazu die Notiz: »Sehr geehrte Herren, ich bitte um Entschuldigung. Das ist alles, was es an Froschhäuten in der Nähe gab. Das Gequake hat mich sicher getäuscht.«

Danach sagte der Meister: »Untersuche den Lärm, den die Leute machen. Dann durchschaue den Lärm, den du selbst machst, und du wirst nichts, nur Leere und Stille finden.«

Das verlorene Motto

Menschen ernähren sich von Worten,
leben durch Worte,
würden ohne Worte zerbrechen.

Ein Bettler zupfte einen Passanten am Ärmel und bat um Geld, weil er sich eine Tasse Kaffee kaufen wollte. Und das war seine Geschichte: »Es gab eine Zeit, Sir, da war ich ein reicher Kaufmann, genau wie Ihr. Den ganzen Tag arbeitete ich hart. Auf meinem Schreibtisch stand der Leitspruch: kreativ denken, entschlossen handeln, gefährlich leben. Nach diesem Motto lebte ich – und das Geld strömte nur so herein. Und dann ... und dann ... (der Bettler zitterte vor Schluchzen) ... warf die Putzfrau mein Motto in den Mülleimer.«

Die große Offenbarung

Ein Guru versprach einem Gelehrten eine Offenbarung von größerer Bedeutung als alles, was in den Schriften stand.

Als der Gelehrte ungeduldig darum bat, sie ihm mitzuteilen, sagte der Guru: »Geh hinaus in den Regen und recke Kopf und Arme himmelwärts. Das wird dir die erste Offenbarung bescheren.«

Am nächsten Tag kam der Gelehrte und berichtete. »Ich folgte deinem Rat, und das Wasser floss mir den Nacken hinab. Und ich fühlte mich wie ein vollkommener Narr.«

»Findest du nicht«, sagte der Guru, »dass das für den ersten Tag schon eine ganz schöne Offenbarung ist?«

Enttäuschung – Befreiung von Täuschung

Wenn Sie aufhören würden zu denken, würden Sie merken, dass es gar nichts gibt, worauf Sie stolz sein können. Wie wirkt sich das auf Ihre Beziehungen zu den Mitmenschen aus? Über was beschweren Sie sich?

Einmal kam ein junger Mann zu mir, um sich darüber zu beschweren, dass ihn seine Freundin betrogen, dass sie ihm etwas vorgespielt hätte. Worüber beschweren Sie sich? Haben Sie etwas Besseres erwartet? Erwarten Sie das Schlimmste, Sie haben es mit Egoisten zu tun. Sie sind der Narr – Sie haben sie verherrlicht, oder? Sie dachten, sie sei eine Prinzessin, Sie dachten, die Menschen seien nett. Sind sie nicht! Sie sind nicht nett. Die Menschen sind genauso schlecht wie Sie selbst – schlecht, verstehen Sie? Sie schlafen, genau wie Sie. Und was suchen sie wohl? Ihren eigenen Nutzen, genau wie Sie. Da besteht kein Unterschied. Können Sie sich vorstellen, wie befreiend es ist, nie wieder desillusioniert, nie wieder enttäuscht zu werden? Sie werden sich nie wieder betrogen oder abgewiesen fühlen. Sie möchten wach werden? Sie möchten glücklich sein? Sie wollen Freiheit?

Hier ist, was Sie suchen: Vergessen Sie Ihre falschen Ansichten. Durchschauen Sie die Menschen. Wenn Sie sich selbst durchschauen, können Sie jeden anderen durchschauen. Dann werden Sie die Menschen lieben. Andernfalls werden Sie Ihre ganze Zeit mit Ihren falschen Vorstellungen von ihnen verschwenden, mit Ihren Illusionen, die dauernd mit der Wirklichkeit in Konflikt geraten.

Wahrscheinlich ist das für viele zu verblüffend, um verstehen zu können, dass von jedem, außer von den sehr wenigen Erwachten, erwartet werden kann, dass er oder sie egoistisch ist und auf den eigenen Nutzen bedacht, ob auf ungehobelte oder auf raffinierte Art und Weise. Das führt Sie zu der Einsicht, dass es nichts gibt, worüber man enttäuscht, nichts, worüber man desillusioniert sein könnte. Wären Sie immer realistisch gewesen, wären Sie nie enttäuscht worden. Aber Sie wollten ja die Menschen in leuchtenden Farben malen, Sie wollten sie ja nicht durchschauen, weil Sie sich selbst nicht durchschauen wollten. Also bezahlen Sie jetzt den Preis.

Bevor wir darauf näher eingehen, lassen Sie mich eine Geschichte erzählen. Jemand fragte mich einmal: »Wie ist denn Erleuchtetsein? Wie ist es denn, wach geworden zu sein?«

Es ist wie mit dem Landstreicher in London, der sich für die Nacht einrichtete. Kaum eine Brotkruste hatte er zu essen bekommen. Er begab sich an das Ufer der Themse und kauerte sich in eine Mulde. Im leichten Nieselregen zog er seinen zerschlissenen Mantel fester um sich. Er wollte gerade einschlafen, als auf einmal ein Rolls-Royce mit Chauffeur anhielt. Eine schöne junge Dame stieg aus dem Wagen und beugte sich zu ihm: »Sie armer Mann, wollen Sie etwa die Nacht hier am Ufer verbringen?« »Ja«, erwiderte der Landstreicher. Die Frau entgegnete: »Das werde ich nicht zulassen. Sie kommen mit in mein Haus und werden darin bequem übernachten, nachdem Sie gut zu Abend gegessen haben.« Sie bestand darauf, dass er einstieg.

Also fuhren sie aus London hinaus und kamen zu einer großen Villa in einem weiten Park. Dem Butler, der sie ins Haus führte, sagte die Dame: »James, sorgen Sie bitte dafür, dass er ein Dienstbotenzimmer bekommt und es ihm an nichts fehlt.« James tat wie ihm geheißen. Die junge Dame hatte bereits die Kleider abgelegt, um ins Bett zu gehen, als ihr plötzlich wieder ihr Übernachtungsgast einfiel. Also zog sie sich etwas über und ging den Gang entlang zu den Dienstbotenzimmern. Unter der Zimmertür des Landstreichers fiel ein Lichtstreifen hindurch. Sie klopfte behutsam an die Tür, öffnete sie und sah, dass der Mann noch wach war. Sie sagte zu ihm: »Was ist, guter Mann, haben Sie kein rechtes Essen bekommen?« Darauf erwiderte er: »In meinem ganzen Leben habe ich noch kein besseres Essen gehabt, meine Dame.« »Haben Sie es warm genug?« »Ja, ein schönes, warmes Bett.« »Vielleicht brauchen Sie ein bisschen Gesellschaft. Wollen Sie nicht ein Viertelstündchen zu mir herüberkommen?« Dann rückte sie näher zu ihm, und er rutschte näher zu ihr – und fiel genau in die Themse.

Ätsch! Damit haben Sie bestimmt nicht gerechnet! Erleuchtung! Wachen Sie auf. Wenn Sie bereit sind, Ihre falschen Vorstellungen gegen die Wirklichkeit einzutauschen, wenn Sie bereit sind, Ihre Träume gegen Tatsachen einzutauschen, ist das der Weg, auf dem Sie alles finden können, auf dem das Leben Sinn erhält – und das Leben wird schön.

Oder die Geschichte von Ramirez: Ramirez ist schon alt und lebt in seiner Burg hoch oben auf dem Berg. Er schaut zum Fenster hinaus (er ist gelähmt und liegt im Bett) und sieht seinen Feind. Alt wie er ist und auf einen Stock gestützt, erklimmt der Feind den Berg – langsam und beschwerlich. Nach etwa zweieinhalb Stunden ist er endlich oben angelangt. Doch Ramirez kann nichts tun, weil die Diener ihren freien Tag haben. So öffnet der Feind die Tür, geht geradewegs zum Schlafzimmer, greift mit der Hand in den Mantel und holt eine Waffe hervor. Er sagt: »Endlich, Ramirez, werden wir unsere Rechnung begleichen!«

Ramirez versucht alles, um ihm sein Vorhaben auszureden: »Komm schon, Borgia, das kannst du doch nicht tun. Du weißt genau, dass ich nicht mehr derselbe bin, der dich vor Jahren als junger Springinsfeld übel traktiert hat; und du bist auch nicht mehr derselbe junge Bursche. Hör auf damit!«

»O nein«, erwidert sein Feind, »deine schönen Worte können mich nicht von meiner göttlichen Mission abbringen. Ich will Rache, und du kannst mich nicht davon abhalten.«

Ramirez antwortet: »Doch, kann ich!«

»Und wie?«, fragt sein Feind.

»Ich kann wach werden«, sagt Ramirez. Und das tat er; er wurde wach! Das ist Erleuchtung. Wenn Ihnen jemand sagt: »Da kannst du gar nichts machen«, sagen Sie: »Und ob! Ich kann wach werden.« Und auf einmal ist das Leben nicht mehr der Alptraum, als der es erschien. Wachen Sie auf!

Jemand kam zu mir, um mir eine Frage zu stellen. Was meinen Sie wohl, wie seine Frage lautete? Er fragte mich: »Sind Sie erleuchtet?« Und was, glauben Sie, wie meine Antwort war? »Was hat das schon zu sagen!«

Möchten Sie eine bessere Antwort? Meine Antwort wäre dann: »Wie kann ich es wissen? Wie können Sie es wissen? Was hat das schon zu sagen?« Wissen Sie was? Wenn Sie etwas zu sehr wollen, haben Sie große Probleme. Wissen Sie noch etwas? Wenn ich erleuchtet wäre und Sie würden mir nur deswegen zuhören, hätten Sie wirklich große Probleme. Möchten Sie von einem Erleuchteten in Ihrem Willen beeinflusst werden? Sie können von jedem beeinflusst werden. Was spielt das schon für eine Rolle, ob jemand erleuchtet ist oder nicht? Aber sehen Sie, wir möchten uns an jemanden anlehnen, oder? Wir möchten uns auf jemanden stützen, von dem wir glauben, dass er es geschafft hat. Wir hören gern, dass Leute es geschafft haben. Es gibt uns Hoffnung, nicht wahr? Auf was wollen Sie denn hoffen? Ist das nicht nur eine andere Form von Wunschdenken?

Sie wollen auf etwas Besseres hoffen als das, was Sie jetzt haben, oder? Sonst würden Sie ja nicht hoffen. Doch dann vergessen Sie, dass Sie schon alles haben und es nur nicht wissen. Warum richten Sie Ihre Aufmerksamkeit nicht auf das Jetzt, statt auf bessere Zeiten zu hoffen? Warum verstehen Sie nicht das Jetzt, statt es zu vergessen und auf die Zukunft zu hoffen? Ist die Zukunft nicht nur eine weitere Illusion?

Weiter entfernt

Um seinen oft wiederholten Lehrsatz »Du siehst die Dinge, wie du bist, nicht wie sie sind« deutlich zu machen, erzählte der Meister die Geschichte von seinem einundachtzigjährigen Freund, der eines Tages durchnässt und schlammbedeckt ins Kloster kam.

»Es ist dieser Bach eine Viertelstunde von hier«, sagte er. »Ich habe ihn früher immer mit einem Sprung geschafft. Aber jetzt lande ich immer in der Mitte. Ich habe nicht gemerkt, dass der Bach breiter geworden ist.«

Worauf der Meister nur sagte: »Heute sehe ich immer, wenn ich mich bücke, dass der Boden weiter entfernt ist als in meiner Jugend.«

Den Verstand gebrauchen

Mit Hilfe einer Gebrauchsanweisung versuchte eine Frau stundenlang, ein kompliziertes Gerät, das sie gekauft hatte, zusammenzusetzen. Schließlich gab sie auf und ließ die einzelnen Teile verstreut auf dem Küchentisch liegen.

Als sie einige Stunden später nach Hause kam, stellte sie erstaunt fest, dass das Hausmädchen die Maschine zusammengebaut hatte. Die Maschine funktionierte perfekt.

»Wie haben Sie das nur fertiggebracht?«, rief sie erstaunt.

»Ach, gnädige Frau, wenn man nicht lesen kann, muss man eben seinen Verstand gebrauchen«, war die gelassene Antwort.

Wahrhaftig

In seiner Jugend war der Meister politisch engagiert und hatte einmal einen Protestmarsch gegen die Regierung angeführt. Tausende hatten ihre Häuser und ihre Arbeitsplätze verlassen, um sich der Demonstration anzuschließen.

Der Zug war kaum in Gang gekommen, als er alles wieder abblies.

»Das kannst du doch so einfach nicht machen! Dieser Marsch ist seit Monaten geplant und hat die Leute einiges gekostet. Sie werden dir vorwerfen, inkonsequent zu sein«, sagte einer seiner Gefolgsleute.

Der Meister blieb unbewegt: »Meine Verpflichtung besteht nicht darin, konsequent zu sein«, sagte er, »sondern wahrhaftig.«

Ankunft

»Ist der Weg zur Erleuchtung schwierig oder leicht?«

»Weder noch.«

»Warum nicht?«

»Weil sie dort nicht ist.«

»Wie reist man also zu dem Ziel?«

»Man reist nicht. Es ist eine Reise ohne Entfernung. Hört auf zu reisen, und ihr seid da.«

Entdeckung

»Helft uns, Gott zu finden.«

»Keiner kann euch dabei helfen.«

»Warum nicht?«

»Aus dem gleichen Grund, aus dem einem Fisch nicht geholfen werden kann, den Ozean zu finden.«

Keine Belohnung

Die großen Mystiker und Meister des Ostens stellen die Frage: »Wer bist du?«

Viele meinen, die wichtigste Frage der Welt sei: »Wer ist Jesus Christus?« Falsch!

Andere meinen, sie laute: »Gibt es einen Gott?« Auch falsch!

Wieder andere denken, es sei die Frage: »Gibt es ein Leben nach dem Tod?« Wiederum falsch!

Niemand scheint sich mit dem Problem zu befassen: Gibt es ein Leben vor dem Tod? Doch nach meinen Erfahrungen sind die, welche sich mit so etwas beschäftigen und ganz gespannt darauf sind, was sie mit dem nächsten Leben anfangen sollen, genau diejenigen, die nicht wissen, was sie mit diesem Leben anfangen sollen. Ein Zeichen dafür, dass Sie wach geworden sind, ist, dass Sie sich keinen Deut darum kümmern, was im nächsten Leben geschehen wird. Sie halten sich nicht damit auf und kümmern sich nicht darum. Sie sind nicht daran interessiert, punktum.

Wissen Sie, was ewiges Leben ist? Sie meinen, es sei ein Leben ohne Ende. Doch Ihre eigenen Theologen werden Ihnen sagen, dass das eine verrückte Vorstellung ist, denn ›ohne Ende‹ ist immer noch ein Zeitbegriff – Zeit, die für immer fortdauert. Ewig heißt zeitlos – ohne Zeit. Für den menschlichen Verstand ist das etwas Unfassbares. Der menschliche Verstand kann Zeit verstehen und sie leugnen. Was zeitlos ist, übersteigt unsere Vorstellungskraft. Die Mystiker jedoch lehren uns, dass die Ewigkeit jetzt geschieht. Ist das keine gute Botschaft?

Ewigkeit geschieht jetzt. Die meisten Menschen sind sehr beunruhigt, wenn ich ihnen sage, sie sollten ihre Vergangenheit vergessen. Sie sind doch so stolz auf ihre Vergangenheit – oder sie schämen sich dafür. Vergessen Sie das alles! Wenn man Ihnen sagt: »Bereuen Sie Ihre Vergangenheit«, sollten Sie sich klarmachen, dass das eine groß aufgezogene Ablenkung vom Wachwerden ist. Werden Sie wach! Zu bereuen bedeutet, wach zu werden, und nicht: »wegen seiner Sünden zu weinen«. Werden Sie wach, und hören Sie mit dem Weinen auf. Wachen Sie auf!

Wunder

Man erzählte von dem Haji, der am Rande der Stadt lebte, er vollbringe Wunder. Daher pilgerten viele kranke Menschen zu seinem Haus.

Von dem Meister wusste man, dass Wunderbares ihn nicht im Geringsten interessierte, und er auch Fragen über den Haji nie zu beantworten pflegte.

Als er rundheraus gefragt wurde, was er gegen Wunder habe, antwortete er: »Wie kann man gegen etwas sein, das täglich und stündlich vor den eigenen Augen stattfindet?«

Himmel

Einem Schüler, den der Gedanke vom Leben nach dem Tode nicht losließ, sagte der Meister: »Warum auch nur einen Augenblick mit dem Gedanken an das Danach verschwenden?«

»Aber ist es denn möglich, das nicht zu tun?«

»Ja.«

»Wie?«

»Indem man hier und jetzt im Himmel lebt.«

»Und wo ist dieser Himmel?«

»Im Hier und Jetzt.«

Träume

»Wann werde ich erleuchtet?«

»Wenn du siehst«, sagte der Meister.

»Was sehen?«

»Bäume und Blumen, Mond und Sterne.«

»Aber die sehe ich jeden Tag.«

»Nein, was du siehst sind Papierbäume, Papierblumen, Papiermonde und Papiersterne. Denn du lebst nicht in der Wirklichkeit, sondern in deinen Worten und Gedanken.«

Und um ganz genau zu sein, fügte er noch sanft hinzu: »Du lebst leider ein Papierleben und wirst einen Papiertod sterben.«

Beschilderung

Buddha zeigte seinen Schülern einst eine Blume und forderte jeden auf, etwas über sie zu sagen.

Eine Weile betrachteten sie sie schweigend.

Einer hielt eine philosophische Abhandlung über die Blume. Ein anderer verfasste ein Gedicht, wieder ein anderer ein Gleichnis. Alle waren bemüht, einander an Tiefsinn auszustechen. Sie stellten Etiketten her!

Mahakashyapa blickte auf die Blume, lächelte und sagte nichts. Nur er hatte sie gesehen.

Was dazwischen liegt

»Mein früherer Meister lehrte mich, Geburt und Tod anzunehmen.«

»Warum bist du dann zu mir gekommen?«, fragte der Meister.

»Zu lernen, das anzunehmen, was dazwischen liegt.«

II.

»Das Schwierigste auf der Welt ist Hören und Sehen«

Bewusst werden

Wenn er nun Nein sagt?

Samuel war sehr niedergeschlagen, und es war ihm nicht zu verdenken. Sein Vermieter hatte ihm die Wohnung gekündigt, und er wusste nicht, wohin. Plötzlich hatte er eine Idee. Er könnte eigentlich bei seinem guten Freund Moshe wohnen. Dieser Gedanke beruhigte Samuel, bis ihm ein anderer Gedanke durch den Kopf schoss, nämlich: »Was macht dich so sicher, dass Moshe dich in seiner Wohnung aufnehmen wird?« – »Warum sollte er nicht?«, sagte Samuel etwas gereizt zu dem Gedanken. »Schließlich habe ich die Wohnung gefunden, wo er jetzt lebt, habe ihm sogar das Geld vorgestreckt, damit er die Miete für die ersten sechs Monate bezahlen konnte. Das ist doch wirklich das Wenigste, was er tun könnte, mich für ein oder zwei Wochen aufzunehmen, wenn es nötig ist.«

Damit war die Sache erledigt, bis er nach dem Essen wieder von dem Gedanken heimgesucht wurde: »Angenommen, er weigerte sich?« – »Weigern?«, sagte Samuel. »Warum in Gottes Namen sollte er sich weigern? Er verdankt mir alles, was er hat. Ich habe ihm auch seinen Job verschafft; ich habe ihn mit dieser schönen Frau bekannt gemacht, die nun seine Ehefrau ist und ihm die drei Söhne geboren hat, auf die er so stolz ist. Und er soll mir ein Zimmer für eine Woche verweigern? Unmöglich.«

Damit war für Samuel die Angelegenheit erledigt, bis er ins Bett ging und nicht einschlafen konnte, weil der Gedanke zurückkehrte und sagte: »Angenommen, er weigert sich. Was dann?« Das war zu viel für Samuel. »Wie zum Teufel könnte er sich weigern«, sagte er, und Wut stieg in ihm hoch. »Wenn der Mann heute noch lebt, verdankt er es mir. Ich rettete ihn als Jungen vor dem Ertrinken. Sollte er so undankbar sein, mich mitten im Winter auf die Straße zu schicken?«

Doch der Gedanke war hartnäckig. »Bloß einmal angenommen ...«

Der arme Samuel schlug sich damit herum, solange er konnte. Schließlich stand er morgens gegen zwei Uhr auf, ging in Moshes Wohnung, drückte so lange auf die Klingel, bis Moshe halb im Schlaf die Tür öffnete und erstaunt fragte: »Samuel! Was ist los? Warum kommst du mitten in der Nacht hierher?«

Samuel war mittlerweile so wütend, dass er sich nicht beherrschen konnte, und brüllte: »Ich werde dir erzählen, was mich mitten in der Nacht hierher bringt. Wenn du denkst, dass ich dich bitten werde, mich auch nur für einen einzigen Tag unterzubringen, täuschst du dich. Ich will mit dir nichts zu tun haben, mit dir, deinem Haus, deiner Frau oder deiner Familie. Fahrt doch alle zur Hölle!« Mit diesen Worten machte er auf dem Absatz kehrt und ging davon.

Bin ich verrückt oder alle anderen?

Ich kenne eine Geschichte von einem kleinen Jungen, der Johnny hieß und, wie man sagte, geistig zurückgeblieben war. Aber offensichtlich war er es doch nicht, wie die folgende Geschichte zeigt. Johnny ging in eine Modelliergruppe einer Sonderschule. Dort bekam er ein Stück Knetmasse und fing an, es zu formen. Er nahm ein Stückchen, ging in eine Ecke des Zimmers und spielte dort damit.

Die Lehrerin ging zu ihm und sagte: »Hallo Johnny.«

»Hallo.«

»Was hast du denn in deiner Hand?«

Darauf sagte Johnny: »Das ist ein Stück Kuhfladen.«

Die Lehrerin fragte weiter: »Was willst du denn damit machen?«

»Ich mache eine Lehrerin.«

Die Lehrerin dachte sich: »Mit dem kleinen Johnny ist es wieder schlimmer geworden.« Sie rief den Rektor, der gerade an der Tür vorbeiging, und sagte: »Mit Johnny ist es schlimmer geworden.«

So ging der Schulleiter zu Johnny und sagte: »Hallo, mein Junge.«

»Hallo!«

»Was hast du denn in der Hand?«

»Ein Stück Kuhfladen.«

»Was willst du denn damit machen?«

»Einen Rektor«, war die Antwort.

Der Rektor war überzeugt, dass es sich hier um einen Fall für den Schulpsychologen handelte und sagte zur Lehrerin: »Lassen Sie den Psychologen kommen!«

Der Psychologe war ein schlauer Bursche. Er ging zu dem Jungen und sagte: »Ich weiß, was du in deiner Hand hast.«

»Was denn?«

»Ein Stück Kuhfladen.«

»Richtig.«

»Und ich weiß auch, was du daraus machst.«

»Was denn?«

»Einen Psychologen.«

»Falsch! Dafür reicht er nicht!«

Und diesen Jungen hielt man für geistig zurückgeblieben!

Die armen Psychologen; sie leisten gute Arbeit, ja wirklich. Es gibt Zeiten, in denen die Psychotherapie eine riesengroße Hilfe ist, denn wenn Sie an der Grenze dazu sind, verrückt, wahnsinnig zu werden, werden Sie entweder Psychopath oder Mystiker. Denn das ist der Mystiker: das Gegenteil des Wahnsinnigen.

Wissen Sie, was ein Zeichen dafür ist, dass Sie wach geworden sind? Wenn Sie sich selbst fragen: »Bin ich verrückt, oder sind es alle anderen?« Es ist wirklich so, denn wir sind verrückt. Die ganze Welt ist es. Der einzige Grund, weshalb wir nicht in einer Anstalt sind, liegt darin, dass es so viele von uns sind. Wir leben mit verrückten Vorstellungen von Liebe, Beziehungen, Glück, Freude, von allem Möglichen. Ich bin inzwischen soweit zu glauben, wir sind dermaßen verrückt, dass, wenn alle sich in etwas einig sind, man sich sicher sein kann, dass es falsch ist! Jede neue Idee, jede große Idee, stand am Anfang gegen alle anderen. Dieser Mann, der Jesus genannt wurde, stand als Einzelner gegen die anderen. Alle sagten etwas anderes als er. So auch bei Buddha. Ich glaube, es war Bertrand Russell, der feststellte: »Jede große Idee tritt an als Blasphemie.« Das trifft den Nagel auf den Kopf.

Heutzutage ist man mit dem Begriff »Blasphemie« schnell bei der Hand. Immer wieder hört man sagen: »Das ist eine Blasphemie!« Denn die Leute sind verrückt, sie sind wahnsinnig, und je früher Sie das merken, desto besser ist es für Ihre geistige und geistliche Gesundheit. Vertrauen Sie ihnen nicht. Machen Sie sich auch keine Illusionen über Ihre besten Freunde, sie sind sehr schlau. Geradeso wie Sie es sind im Umgang mit irgendwem, wenn Sie es wohl auch nicht wissen. Ja, Sie sind sehr schlau – spitzfindig und listig. Sie spielen regelrecht Theater.

Ich verteile nicht gerade Komplimente, oder? Doch ich sage noch einmal: Sie möchten ja wach werden. Sie spielen Theater und wissen es nicht einmal. Sie glauben, dass Sie so voller Liebe und Hingabe sind. Doch wen lieben Sie denn? Selbst wenn Sie sich aufopfern, bereitet es Ihnen ein gutes Gefühl, oder nicht? »Ich opfere mich auf! Ich handele meinem Ideal entsprechend.« Aber Sie haben doch etwas davon, oder? Sie haben von allem, was Sie tun, etwas, bis Sie wach werden.

Damit wäre der erste Schritt getan: Machen Sie sich klar, dass Sie nicht wach werden wollen. Es ist recht schwierig, wach zu werden, wenn man wie in einer Hypnose einen Fetzen alten Papiers für einen Scheck über eine Million Dollar hält. Ja, es ist schwierig, sich von diesem Fetzen loszureißen.

Was siehst du?

Der Meister hob hervor, dass die Welt, wie sie die meisten Leute sehen, nicht die Welt der Wirklichkeit ist, sondern eine Welt, die ihr Kopf hervorgebracht hat.

Als ein Schüler das infrage stellen wollte, nahm der Meister zwei Stöcke und legte sie in Form eines T auf den Boden. Dann fragte er den Schüler: »Was siehst du hier?«

»Den Buchstaben T«, antwortete er.

»Genauso habe ich es mir vorgestellt«, sagte der Meister. »Es gibt von sich aus keinen Buchstaben T; das T ist die Bedeutung, die du ihm gibst. Was du vor dir siehst, sind zwei abgebrochene Äste in Form von Stöcken.«

Zuhören und umlernen

Manche werden von den harten Realitäten des Lebens aufgeweckt. Sie leiden so sehr unter ihnen, dass sie hellwach sind. Doch andere stoßen sich ein ums andere Mal im Leben den Kopf an und schlafen weiter. Sie werden nie wach. Das Tragische dabei ist, dass diese Menschen nicht im Entferntesten auf den Gedanken kommen, es könnte auch anders gehen. Sie kommen nie auf die Idee, dass es einen besseren Weg geben könnte. Wenn Ihnen das Leben nicht genug zugesetzt hat, wenn Sie nicht so viel erleiden mussten, gibt es einen anderen Weg: zuhören. Ich möchte damit nicht sagen, dass Sie dem, was ich sage, zustimmen müssen. Das wäre kein Zuhören. Glauben Sie mir: Es spielt gar keine Rolle, ob Sie mir zustimmen oder nicht, denn Zustimmung und Ablehnung haben mit Worten, Begriffen und Theorien, nichts mit der Wahrheit zu tun.

Wahrheit lässt sich nicht mit Worten ausdrücken. Sie wird plötzlich erkannt, als das Ergebnis einer bestimmten Einstellung. Somit könnten Sie mir durchaus nicht zustimmen und doch die Wahrheit erkennen. Vielmehr muss eine Einstellung der Offenheit bestehen, geprägt vom Willen, etwas Neues zu entdecken. Darauf kommt es an und nicht auf Ihre Zustimmung oder Ablehnung. Letzten Endes ist das meiste, was ich Ihnen sage, doch wieder Theorie. Keine Theorie deckt die Wirklichkeit angemessen ab. Deshalb kann ich Ihnen nichts von der Wahrheit sagen, sondern nur etwas von den Hindernissen auf dem Weg zur Wahrheit. Diese kann ich beschreiben, jedoch nicht die Wahrheit. Niemand kann das. Alles, was ich tun kann, ist, Ihnen eine Beschreibung Ihrer Falschheiten zu geben, damit Sie von ihnen ablassen können. Alles, was ich für Sie tun kann, ist, Ihre Anschauungen und die Denkschemata, die Sie unglücklich machen, infrage zu stellen. Alles, was ich für Sie tun kann, ist, Ihnen zu helfen umzulernen. Darum geht es, wenn Sie Spiritualität interessiert: umzulernen – in fast allem, was Sie bisher gelernt haben, umzulernen. Die Bereitschaft umzulernen und zuzuhören.

Hören Sie nur zu, wie es die meisten tun, um bestätigt zu bekommen, was Sie sowieso schon denken? Achten Sie einmal darauf, wie Sie reagieren, während ich spreche. Oft werden Sie bestürzt, geschockt, empört, irritiert, verärgert oder frustriert sein. Oder Sie werden sagen: »Genauso ist es!«

Hören Sie nur zu, um bestätigt zu bekommen, wovon Sie ohnehin überzeugt sind, oder hören Sie zu, um etwas Neues zu entdecken? – ein wichtiger, aber für Schlafende schwieriger Unterschied. Jesus verkündete die gute Nachricht und wurde doch zurückgewiesen; nicht, weil sie gut war, sondern weil sie neu war. Wir verabscheuen das Neue. Wir lehnen es ab! Und je eher wir uns dieser Tatsache stellen, umso besser. Wir wollen keine Neuerungen, besonders dann nicht, wenn sie unsere Ruhe stören, wenn sie Veränderungen nach sich ziehen. Und noch weniger, wenn man sich sagen muss: »Ich habe einen Fehler gemacht.«

Vor einiger Zeit traf ich in Spanien einen siebenundachtzigjährigen Jesuitenpater, der vor dreißig oder vierzig Jahren mein Rektor und einer meiner Lehrer in Indien gewesen war. Er nahm an einem geistlichen Kurs teil wie diesem. »Ich hätte dich sechzig Jahre früher hören sollen«, sagte er. »Du hast etwas zu sagen. Ich habe mich mein ganzes Leben lang geirrt.«

Mein Gott, so etwas zu hören! Es ist wie eines der sieben Weltwunder zu sehen.

Das, meine Damen und Herren, ist Glaube! Offen sein für die Wahrheit, was auch immer sich daraus ergeben mag, wohin auch immer sie einen führen wird. Das ist Vertrauen. Nicht Überzeugung, sondern Glaube. Ihre Überzeugungen mögen Ihnen viel Sicherheit geben, aber Glaube ist Unsicherheit. Sie wissen nicht. Sie sind bereit zu folgen und sind offen, ganz offen! Sie sind bereit zuzuhören. Und offen zu sein heißt nicht, leichtgläubig zu sein, heißt nicht, alles zu schlucken, was einem gerade gesagt wird. Durchaus nicht. Sie müssen alles, was ich sage, infrage stellen, doch aus einer offenen und keiner verbohrten Einstellung heraus. Denken Sie an das großartige Wort von Buddha: »Mönche und Gelehrte dürfen meine Worte nicht aus Respekt annehmen, sie müssen sie aufgliedern und bearbeiten, wie der Goldschmied Gold bearbeitet – durch Sägen, Gravieren, Löten und Schmelzen.«

Wenn Sie dies tun, hören Sie zu und haben damit einen weiteren wichtigen Schritt zum Wachwerden getan. Der erste Schritt bestand, wie gesagt, in der Bereitschaft zuzugeben, dass Sie nicht wach werden wollen und dass Sie nicht glücklich sein wollen. Alle möglichen Widerstände in Ihnen müssen dabei überwunden werden.

Der zweite Schritt ist die Bereitschaft, zuzuhören und Ihr ganzes Denksystem infrage zu stellen; nicht nur Ihre religiösen, gesellschaftlichen, psychologischen Überzeugungen, sondern alles: die Bereitschaft, das alles neu zu bewerten, wie in der Metapher des Buddha.

Das Wichtigste

Kurz nach dem Tod von Rabbi Moshe fragte Rabbi Mendel einen seiner Schüler: »Was hielt dein Lehrer für das Wichtigste?«

Der Schüler dachte einen Augenblick nach und sagte dann: »Das, was er im Augenblick gerade tat.«

Der jetzige Augenblick

Deswegen sage ich euch:
Sorgt euch nicht um euer Leben …
seht euch die Vögel des Himmels an …
lernt von den Lilien,
die auf dem Feld wachsen …
MATTHÄUS 6,25FF

Jeder hat dann und wann Gefühle, die als Unsicherheit bekannt sind. Sie fühlen sich unsicher wegen der Summe des Geldes, das Sie bei der Bank haben, wegen der Summe der Zuneigung, die Ihnen Ihr Freund zukommen lässt oder wegen der Art Ihrer Ausbildung, die Sie genossen haben. Auch fühlen Sie sich unsicher wegen Ihrer Gesundheit, Ihres Alters, Ihres Aussehens. Würde man

Ihnen die Frage stellen: »Warum fühlen Sie sich unsicher?«, würden Sie höchstwahrscheinlich die falsche Antwort geben. Sie werden vielleicht sagen: »Ich werde von einem Freund nicht genug geliebt«, oder: »Ich habe nicht die akademische Ausbildung, die ich bräuchte«, oder etwas Ähnliches. Mit anderen Worten: Sie werden die Aufmerksamkeit auf einen äußeren Umstand lenken und nicht merken, dass Gefühle der Unsicherheit nicht durch etwas verursacht werden, was außerhalb von Ihnen liegt, sondern nur durch Ihre vorgegebenen schematischen Gefühlsabläufe, durch etwas, was Sie sich selbst einreden. Wenn Sie Ihr Denkschema wechseln, sind Ihre Gefühle der Unsicherheit im Handumdrehen verschwunden, obwohl alles um Sie herum genauso ist, wie vorher. Der eine fühlt sich auch ohne Geld auf der Bank ganz sicher, der andere fühlt sich unsicher, obwohl er Millionen besitzt. Nicht die Menge des Geldes, sondern Ihr Denkschema macht den Unterschied. Der eine hat praktisch keine Freunde, ist sich aber der Liebe der Menschen völlig sicher. Ein anderer fühlt sich selbst bei der besitzergreifendsten und ausschließlichsten Beziehung unsicher. Wieder bildet das Denkschema den Unterschied.

Wenn Sie Ihre Gefühle der Unsicherheit bekämpfen möchten, kann ich Sie hier mit vier Tatsachen vertraut machen, die Sie aufmerksam zur Kenntnis nehmen und bedenken sollten.

Erstens: Es ist zwecklos, Ihre Gefühle der Unsicherheit dadurch zu beruhigen, dass Sie die außerhalb von Ihnen liegenden Umstände zu ändern versuchen. Ihre Bemühungen können Erfolg haben, obwohl das meistens nicht der Fall ist. Die Bemühungen führen vielleicht zu einer gewissen Erleichterung, doch sie wird von kurzer Dauer sein. Es lohnt also nicht die Energie und Zeit, die Sie dafür verwenden, um zum Beispiel Ihr Aussehen zu verändern, mehr Geld zu verdienen oder von Ihren Freunden weitere Bestätigungen der Liebe zu erhalten.

Der zweite Punkt sollte Sie dazu führen, das Problem dort anzupacken, wo es in Wirklichkeit liegt: in Ihrem Kopf. Denken Sie an Menschen, die in genau derselben Lage sind wie Sie und dabei nicht die geringste Unsicherheit empfinden. Solche Menschen gibt es. Deshalb liegt das Problem nicht in der Wirklichkeit außerhalb von Ihnen, sondern in Ihnen, bei Ihren Denkschemata.

Als drittes müssen Sie begreifen, dass Sie Ihre Denkschemata aus der Unsicherheit anderer übernommen haben, als Sie noch sehr jung und leicht zu beeindrucken waren. Diese Menschen lehrten Sie durch ihr Verhalten und ihre panischen Reaktionen, dass Sie jedes Mal in sich einen Gefühlssturm der Unsicherheit losbrechen lassen müssen, sobald die äußere Welt nicht mit bestimmten Mustern übereinstimmt. Und dass Sie alles in Ihrer Hand stehende unternehmen müssen, um die Außenwelt zu ändern: mehr Geld verdienen, mehr Bestätigung erhalten, die Menschen, die Sie beleidigt haben, beschwichtigen und ihnen gefallen und so weiter und so fort, damit die Gefühle der Unsicherheit verscheucht werden. Die bloße Einsicht, dass Sie das nicht nötig haben, dass es in Wirklichkeit nichts hilft und der Gefühlssturm nur durch Sie und Ihre Kultur hervorgerufen wird, schon diese bloße Einsicht schafft Abstand zu dem Problem und bringt spürbare Erleichterung.

Viertens: Immer wenn Sie darüber Unsicherheit befällt, was in der Zukunft passieren mag, denken Sie an Folgendes: Im letzten Halbjahr oder Jahr waren Sie sehr unsicher wegen Ereignissen, die Sie dann, wenn sie schließlich eintraten, doch irgendwie bewältigen konnten. Und dies dank der Energie und den Möglichkeiten, die Ihnen die jeweilige Situation gab, und nicht wegen der vorausgegangenen Sorgen, durch die Sie nur nutzlos litten und in Ihren Gefühlen geschwächt wurden. Sagen Sie sich deshalb: »Wenn es irgendetwas geben sollte, das ich gerade jetzt für die Zukunft tun kann, dann werde ich es auch tun. Dabei lasse ich es dann bewenden und erfreue mich an dem jetzigen Augenblick, denn meine Lebenserfahrung hat mir gezeigt, dass ich mich einer Situation nur stellen kann, wenn sie tatsächlich da ist, nicht bevor sie eintritt. Immer noch hat mir die Gegenwart die Möglichkeiten und die Energie gegeben, die ich brauche, um mit ihr fertig zu werden.«

Die Gefühle der Unsicherheit werden nur dann endgültig verschwinden, wenn Sie die gepriesene Fähigkeit der Vögel des Himmels und der Lilien auf dem Feld erworben haben, ganz und gar in der Gegenwart zu leben, Augenblick für Augenblick.

Der jetzige Augenblick, und sei er noch so schmerzlich, ist niemals unerträglich. Was nicht zu ertragen ist, ist das, worüber Sie sich Gedanken machen, was wohl in fünf Stunden oder in fünf Tagen passieren mag; auch solche Worte, die Ihnen ständig durch den Kopf gehen, wie: »Das ist schrecklich, das ist unerträglich, wie lange soll das denn noch dauern«, und so weiter.

Im Vergleich zu den Menschen sind Vögel und Blumen glücklich zu preisen, denn sie haben kein Konzept von der Zukunft, keine Worte in ihren Köpfen, keine Angst davor, was ihre Mitvögel oder Mitblumen von ihnen denken. Deshalb sind sie so perfekte Bilder des Himmelreichs. Sorgen Sie sich also nicht um morgen, das Morgen kümmert sich schon um sich selbst. Jeder Tag hat genug eigene Plage. Konzentrieren Sie sich vor allem auf Gottes Himmelreich, und alles andere wird von selbst zu Ihnen kommen.

Der gegenwärtige Augenblick

»Mein Leiden ist unerträglich.«

Sagte der Meister: »Der gegenwärtige Augenblick ist niemals unerträglich, vielmehr, was du in den nächsten fünf Minuten oder den nächsten fünf Tagen auf dich hereinbrechen siehst, ist es, was dich verzweifeln lässt. Hör auf, in die Zukunft zu leben.«

Zu den »Fünf Glocken«

Es war einmal ein Gasthaus, das hieß Silberstern. Der Gastwirt kam auf keinen grünen Zweig, obgleich er alles tat, Gäste zu gewinnen: Er richtete das Haus gemütlich ein, sorgte für eine freundliche Bedienung und hielt die Preise in vernünftigen Grenzen. In seiner Verzweiflung fragte er einen Weisen um Rat.

Als er die jammervolle Geschichte des anderen gehört hatte, sagte der Weise: »Es ist sehr einfach. Du musst den Namen deines Gasthauses ändern.«

»Unmöglich!«, sagte der Gastwirt. »Seit Generationen heißt es ›Silberstern‹ und ist unter diesem Namen im ganzen Land bekannt.«

»Nein«, sagte der Weise bestimmt, »du musst es nun ›Die Fünf Glocken‹ nennen und über dem Eingang sechs Glocken aufhängen.«

»Sechs Glocken? Das ist doch absurd. Was soll das bewirken?«

»Versuch es einmal und sieh selbst«, sagte der Weise lächelnd.

Also machte der Gastwirt einen Versuch, und Folgendes geschah: Jeder Reisende, der an dem Gasthaus vorbeikam, ging hinein, um auf den Fehler aufmerksam zu machen, jeder in dem Glauben, außer ihm habe ihn noch keiner bemerkt. Und wenn sie erst einmal in der Gaststube waren, waren sie beeindruckt von der freundlichen Bedienung und blieben da, um eine Erfrischung zu bestellen. Und das war die Chance, auf die der Wirt so lange gewartet hatte.

Nichts entzückt das eigene Ich mehr, als die Fehler anderer korrigieren zu können.

Bayazid bricht die Regel

Bayazid, der muslimische Heilige, pflegte manchmal absichtlich gegen die äußeren Formen und Riten des Islam zu verstoßen.

Einmal geschah es, dass er auf dem Rückweg von Mekka in der iranischen Stadt Rey haltmachte. Die Einwohner, die ihn verehrten, eilten herbei, um ihn willkommen zu heißen, und verursachten in der Stadt ein großes Aufsehen. Bayazid, der dieser Art von Verehrung überdrüssig war, wartete, bis er den Marktplatz erreicht hatte. Dort kaufte er einen Laib Brot und begann, im Angesicht seiner Gefolgsleute schmatzend zu kauen. Es war ein Fastentag im Monat Ramadan, aber Bayazid fand, dass seine Reise durchaus rechtfertigte, dieses religiöse Gebot zu brechen.

Anders seine Gefolgsleute. Sie waren über sein Verhalten so entsetzt, dass sie ihn auf der Stelle verließen und nach Hause gingen. Zufrieden bemerkte Bayazid zu einem Schüler: »Siehst du, ich brauchte bloß etwas für sie Unerwartetes zu tun, und schon schwand ihre Verehrung für mich dahin.«

Jesus entsetzte seine Gefolgsleute auf ähnliche Weise. Die Massen brauchen einen Heiligen, den sie verehren können, einen Guru, den sie um Rat fragen. Ein stillschweigendes Abkommen: Du musst unseren Erwartungen gerecht werden, als Gegenleistung bieten wir dir Verehrung. Das Heiligkeitsspiel!

Bewusstheit

»Erlangt man Heil durch Taten oder durch Meditation?«

»Weder noch. Heil erwächst aus dem Sehen.«

»Was sehen?«

»Dass das goldene Halsband, das du erwerben möchtest, bereits um deinen Hals hängt. Dass die Schlange, vor der du solche Angst hast, nur ein Seil auf dem Boden ist.«

Bewusstheit, ohne alles zu bewerten

Wollen Sie die Welt verändern? Wie wäre es, wenn Sie mit sich selbst anfingen? Wie wäre es, selbst zuerst umgewandelt zu werden? Doch wie ist das zu erreichen? Durch Beobachtung, durch Verstehen; ohne Eingreifen oder Aburteilen von Ihrer Seite. Denn was man verurteilt, kann man nicht verstehen.

Wenn Sie von jemandem sagen: »Er ist Kommunist«, hört Ihr Verständnis in diesem Moment auf. Sie haben diesem Menschen ein Etikett aufgeklebt. »Sie ist Kapitalistin.« In diesem Augenblick ist es mit dem Verständnis zu Ende. Sie haben ihr ein Etikett aufgeklebt, und haftet dem Etikett ein Unterton von Billigung oder Missbilligung an, ist es umso schlimmer. Wie wollen Sie dann noch verstehen, was Sie missbilligen oder billigen? Das alles klingt nach einer neuen Welt, nicht wahr? Kein Urteil, kein Kommentar, keine Stellungnahme: Man beobachtet einfach, man untersucht es, sieht zu, und zwar ohne den Wunsch, das Bestehende zu verändern. Denn wenn Sie das Bestehende in das verändern wollen, was Sie denken, wie es sein sollte, verstehen Sie es nicht mehr.

Ein Hundetrainer versucht, einen Hund zu verstehen, damit er ihm beibringen kann, bestimmte Dinge zu tun. Ein Wissenschaftler beobachtet das Verhalten von Ameisen und will nichts weiter, als eben Ameisen beobachten, um dabei so viel wie möglich über sie zu lernen. Er hat kein anderes Ziel. Er versucht nicht, sie zu dressieren oder irgendetwas anderes mit ihnen anzustellen. Er interessiert sich für Ameisen, er will möglichst viel über sie erfahren. Das ist seine Einstellung. An dem Tag, da Sie diese Einstellung besitzen, werden Sie ein Wunder erleben. Sie werden sich verändern – mühelos und auf die richtige Art und Weise. Die Veränderung wird einfach geschehen, Sie werden nichts dazu tun müssen. Wenn ein Leben des Bewusstwerdens sich über Ihre Dunkelheit breitet, wird alles Böse verschwinden. Das Gute wird hervortreten. Sie werden es an sich selbst erfahren müssen.

Doch dafür bedarf es der Disziplin. Und wenn ich Disziplin sage, meine ich nicht Anstrengung. Ich spreche von etwas anderem. Haben Sie schon einmal Athleten beobachtet? Ihr ganzes Leben ist Sport, doch sie führen ein diszipliniertes Leben. Und betrachten Sie doch einmal einen Fluss, der zum Meer fließt. Er schafft sich seine eigenen Dämme, die ihn wiederum eindämmen. Wenn es etwas in Ihnen gibt, das sich in die richtige Richtung bewegt, schafft es sich seine eigene Disziplin. Der Augenblick, da Sie die Bewusstheit erfasst, ist großartig! Es ist die wichtigste Sache der Welt. Es gibt nichts Wichtigeres als wach zu werden. Nichts! Natürlich ist es auch auf seine eigene Art und Weise Disziplin.

Es gibt nichts Schöneres, als bewusst zu leben. Oder würden Sie lieber im Dunkeln leben? Würden Sie lieber handeln und sich Ihres Tuns nicht bewusst sein, sprechen und sich Ihrer Worte nicht bewusst sein? Würden Sie lieber Menschen zuhören und sich nicht bewusst sein, was Sie hören, Dinge sehen und sich nicht bewusst sein, was Sie betrachten? Sokrates sagte: »Das unbewusste Leben ist es nicht wert, gelebt zu werden.« Eine selbstverständliche Wahrheit. Die meisten Menschen leben nicht bewusst. Sie leben mechanisch, denken mechanisch – im Allgemeinen die Gedanken anderer –, fühlen mechanisch, handeln mechanisch, reagieren mechanisch.

Wollen Sie sehen, wie mechanisch Sie wirklich sind? »Oh, tragen Sie aber ein hübsches Hemd.« Es tut Ihnen gut, so etwas zu hören. Allein wegen eines Hemds, nicht zu glauben! Sie sind stolz auf sich, wenn Sie so etwas hören.

Es kommen Menschen in mein Zentrum in Indien und sagen: »Was für ein schöner Ort, diese schönen Bäume« (für die ich überhaupt nicht verantwortlich bin), »dieses herrliche Klima!« Und schon fühle ich mich gut, bis ich mich dabei erwische, dass mir das gutgetan hat, und ich mir sage: »He, kannst du dir so etwas Dummes vorstellen?« Ich bin doch nicht für diese Bäume verantwortlich und habe auch nicht diesen Ort ausgesucht, so wenig wie ich das Wetter bestellt habe; es ist einfach so. Aber ich fühle mich angesprochen, also tut es mir gut. Ich bin stolz auf »meine« Kultur und »mein« Volk. Wie dumm kann man noch werden? Wirklich wahr!

Man sagt mir, dass meine große indische Kultur all die Mystiker hervorgebracht hat. Ich habe sie nicht geschaffen, ich bin nicht für sie verantwortlich. Oder man sagt mir: »Ihr Land mit dieser Armut – einfach abstoßend.« Ich schäme mich dafür, aber ich habe sie nicht verursacht. Was ist also los? Haben Sie haltgemacht, um einmal nachzudenken? Jemand sagt: »Ich finde Sie sehr charmant« – und schon fühle ich mich ausgezeichnet. Ich bekomme einen positiven Impuls (deshalb sagt man »Ich bin okay – du bist okay«). Irgendwann werde ich noch ein Buch schreiben mit dem Titel »Ich bin ein Narr – du bist ein Narr«. Das ist die befreiendste und wunderbarste Sache der Welt – zuzugeben, ein Narr zu sein. Wenn mir jemand sagt: »Sie haben unrecht«, sage ich: »Was ist von einem Narren schon zu erwarten?«

Entwaffnet, jeder muss entwaffnet werden. In der letztendlichen Befreiung bin ich ein Narr – und Sie sind ein Narr. Normalerweise funktioniert das so: Ich drücke auf einen Knopf, und Sie fühlen sich gut; ich drücke auf einen anderen Knopf, und Sie fühlen sich schlecht. Und das gefällt Ihnen.

Wie viele Menschen kennen Sie, die sich von Lob und Tadel nicht beeinflussen lassen? Das ist doch nicht menschlich, sagen wir. Menschlich zu sein heißt, ein Narr zu sein und nach jedermanns Pfeife zu tanzen und immer zu tun, was man tun sollte. Aber ist das menschlich? Wenn Sie mich charmant finden, heißt das nur, dass Sie gerade gut gelaunt sind, und nichts weiter.

Es heißt auch, dass ich auf Ihre Einkaufsliste passe. Wir alle tragen eine Einkaufsliste mit uns herum und tun so, als müssten wir alles an dieser Einkaufsliste messen – Groß? Ja. Dunkel? Ja. Attraktiv, genau mein Geschmack. »Ich mag den Klang seiner Stimme.« Sie sagen: »Ich bin verliebt.« Sie sind nicht verliebt, Sie einfältiger Narr. Jedes Mal, wenn Sie verliebt sind – ich zögere, das zu sagen –, sind Sie ganz besonders närrisch. Setzen Sie sich hin, und schauen Sie, was mit Ihnen los ist. Sie rennen vor sich selbst weg – Sie wollen entkommen.

Jemand sagte einmal: »Gott sei Dank gibt es die Wirklichkeit – und die Möglichkeiten, ihr zu entkommen.« Genau das ist es, was eigentlich geschieht. Wir sind so mechanisch, so kontrolliert. Wir schreiben ganze Bücher über das Kontrolliertwerden und wie schön es ist, kontrolliert zu werden, und wie wichtig, dass die Leute einem sagen, dass man »okay« ist. Dann sind sie zufrieden mit sich. Wie schön ist es doch, eingesperrt zu sein! Oder wie mir gestern jemand sagte, in seinem Käfig zu sitzen.

Sind Sie gerne eingesperrt? Werden Sie gerne kontrolliert?

Darf ich Ihnen etwas sagen? Wenn Sie sich selbst erlauben, sich gut zu fühlen, sobald man Ihnen sagt, dass Sie okay sind, schaffen Sie die Voraussetzung dafür, sich schlecht zu fühlen, sobald man Ihnen sagt, dass Sie nicht okay sind. Solange Sie dafür leben, die Erwartungen anderer zu erfüllen, achten Sie darauf, was Sie anziehen, wie Sie sich frisieren, ob Ihre Schuhe geputzt sind – kurz, ob Sie jeder lächerlichen Erwartung entsprechen wollen. Nennen Sie das menschlich?

Und das werden Sie entdecken, wenn Sie sich beobachten! Sie werden entsetzt sein! Der springende Punkt ist, dass Sie weder okay noch nicht okay sind. Sie können höchstens der momentanen Stimmung, dem Trend oder der Mode entsprechen. Heißt das nun, dass Sie okay geworden sind? Hängt Ihr Okay-Sein davon ab? Hängt es davon ab, wie man über Sie denkt? Jesus muss demnach überhaupt nicht okay gewesen sein. Sie sind nicht »okay«, und Sie sind nicht »nicht okay«, Sie sind Sie selbst! Ich hoffe, dass dies eine wichtige Entdeckung für Sie wird, zumindest für einige von Ihnen. Vergessen Sie das ganze Gerede von okay und nicht okay. Vergessen Sie alle Urteile, und beobachten Sie einfach, schauen Sie zu. Sie werden wichtige Entdeckungen machen, die Sie verändern werden. Sie werden sich nicht im Geringsten anstrengen müssen, glauben Sie mir.

Das erinnert mich an einen Mann im London nach dem Zweiten Weltkrieg. Er saß auf seinem Platz in der U-Bahn und hatte ein in braunes Packpapier eingewickeltes Paket auf dem Schoß; ein großes, schweres Ding. Der Schaffner kam zu ihm und fragte: »Was haben Sie da auf dem Schoß?«

Worauf der Mann sagte: »Das ist eine Bombe, sie ist noch scharf. Wir haben sie im Garten ausgegraben. Ich bringe sie jetzt zur Polizei.«

Der Schaffner verfügte: »Sie wollen die doch wohl nicht auf dem Schoß tragen! Tun Sie das Ding gefälligst unter den Sitz.«

Psychologie und Spiritualität (was wir im Allgemeinen darunter verstehen) bringen die Bombe von Ihrem Schoß unter Ihren Sitz. Sie lösen Ihre Probleme eigentlich nicht, sondern tauschen Ihre Probleme gegen andere Probleme. Ist Ihnen das schon einmal aufgefallen? Sie hatten ein Problem und tauschen es jetzt gegen ein anderes ein? So wird es immer sein, es sei denn, wir lösen das Problem, das »Sie selbst« heißt.

Formulierungen

»Was sucht Ihr?«, fragte der Meister einen Gelehrten, der sich von ihm Beratung erhoffte. »Leben«, lautete die Antwort.

Sagte der Meister: »Wenn Ihr leben wollt, müssen die Wörter sterben.«

Als er später gefragt wurde, was er damit meinte, sagte er: »Ihr seid verraten und verkauft, weil Ihr in einer Welt von Wörtern lebt. Ihr nährt Euch von Wörtern, begnügt Euch mit Wörtern und hättet doch Substanz nötig. Eine Speisekarte wird Euren Hunger nicht stillen und eine Formel nicht Euren Durst.«

Wohin du auch gehst

Es gibt eine aufschlussreiche Geschichte von einem Mönch, der in der ägyptischen Wüste lebte und so von Versuchungen gequält wurde, dass er es nicht mehr länger aushalten konnte. Er beschloss also, seine Zelle zu verlassen und an einen anderen Ort zu gehen.

Als er seine Sandalen anlegte, um seinen Entschluss auszuführen, sah er nicht weit entfernt einen anderen Mönch, der sich auch die Sandalen anzog.

»Wer bist du?«, fragte er den Fremden.

»Ich bin dein eigenes Ich«, lautete die Antwort, »solltest du etwa meinetwegen diesen Ort verlassen, dann wisse, wohin du auch immer gehst, ich stets mit dir gehen werde.«

Ein verzweifelter Patient sagte zu seinem Psychiater: »Wohin ich auch gehe, immer muss ich mich mitnehmen, und das verdirbt mir jeden Spaß.«

Wovor du wegläufst und wonach du dich sehnst, beides ist in dir.

Das »Ich« herausschälen

Ich schlage jetzt eine Übung vor: Schreiben Sie eine kurze Bezeichnung auf, mit der Sie sich beschreiben würden – zum Beispiel Geschäftsmann, Pfarrer, Mensch, Katholik, Jude, etwas in dieser Art.

Wie ich sehe, notieren manche Bezeichnungen wie: erfolgreich, suchender Pilger, kompetent, lebendig, ungeduldig, konzentriert, flexibel, versöhnlich, Liebhaber, Angehöriger der menschlichen Rasse, oberflächlich strukturiert. Sicherlich sind das die Ergebnisse Ihrer Selbstbeobachtung, so, als beobachteten Sie eine andere Person.

Doch beachten Sie, dass Sie sich sagten: »Ich« beobachte »Mich«. Dieses interessante Phänomen, dass »Ich« »Mich« betrachten kann, hat schon immer Philosophen, Mystiker und Psychologen gefesselt. Offensichtlich sind Tiere nicht zu so etwas fähig. Anscheinend ist dazu ein gewisser Grad von Intelligenz erforderlich. Was ich Ihnen nun näherbringen möchte, ist nicht Metaphysik, nicht Philosophie, sondern schlichte Beobachtung und gesunder Menschenverstand.

Die großen Mystiker des Ostens beziehen sich auf das »Ich« und nicht auf das vorgefundene »Mich«. Tatsächlich lehren uns einige dieser Mystiker, dass wir zuerst mit Dingen beginnen, mit einem Bewusstsein von Dingen; danach gelangen wir zu einem Bewusstsein von Gedanken (das ist das »Mich«); schließlich erreichen wir das Bewusstsein von Denkenden. Dinge, Gedanken, Denkende. Was wir eigentlich suchen, ist der oder die Denkende. Kann der oder die Denkende sich selbst kennen? Kann ich wissen, was das »Ich« ist?

Manche dieser Mystiker antworten darauf: »Kann das Messer sich selbst schneiden? Kann der Zahn sich selbst beißen? Kann das Auge sich selbst sehen? Kann das ›Ich‹ sich selbst kennen?« Doch ich befasse mich jetzt mit einer viel praktischeren Frage, nämlich zu klären, was das »Ich« nicht ist. Ich werde dabei so langsam wie möglich vorgehen, weil die Folgen umwälzend sind. Ob verheerend oder herrlich, hängt von Ihrem Standpunkt ab.

Hören Sie zu: Bin ich die Gedanken, die ich denke? Nein. Gedanken kommen und gehen; ich bin nicht meine Gedanken. Bin ich mein Körper? Man sagt, dass sich in jeder Minute Millionen von Zellen in unserem Körper wandeln oder neu entstehen, sodass wir nach sieben Jahren keine einzige lebende Zelle mehr in unserem Körper haben, die auch schon vor sieben Jahren da war. Zellen kommen und gehen. Zellen entstehen und sterben. Aber »Ich« bestehe anscheinend fort. Bin ich also mein Körper? Offensichtlich nicht!

Das »Ich« ist etwas anderes und mehr als der Körper. Sie können sagen, dass der Körper ein Teil des »Ich« ist, jedoch ein Teil, der sich verändert. Er entwickelt sich, verändert sich ständig. Wir haben zwar denselben Namen für ihn, aber er verändert sich. So wie wir die Niagarafälle immer gleich nennen, obwohl sie aus immer anderem Wasser bestehen. Wir benutzen denselben Namen für eine sich dauernd verändernde Wirklichkeit.

Und wie ist es mit meinem Namen? Bin »Ich« mein Name? Offenbar nicht, denn ich kann meinen Namen ändern, aber das »Ich« bleibt. Und meine Karriere? Meine Überzeugungen? Ich sage zwar, dass ich Katholik bin oder Jude – ist das ein wesentlicher Bestandteil des »Ich«? Wenn ich zu einer anderen Religion konvertiere, verändert sich dabei das »Ich«? Mit anderen Worten: Ist mein Name ein wesentlicher Bestandteil von mir, vom »Ich«? Ist meine Religion ein wesentlicher Teil des »Ich«? (…)

»Ich bin Sozialdemokrat«, sagen wir. Doch sind Sie es wirklich? Sie wollen doch nicht sagen, dass Sie, wenn Sie die Partei wechseln, ein neues »Ich« besitzen. Ist es nicht dasselbe »Ich« mit neuen politischen Überzeugungen? – Ich erinnere mich an einen Mann, der seinen Freund fragte: »Wirst du sozialdemokratisch wählen?« Der Freund antwortete: »Nein, ich werde für die Christdemokraten stimmen. Mein Vater war Christdemokrat, mein Großvater war Christdemokrat und mein Urgroßvater war schon Christdemokrat.« Darauf erwiderte der Mann: »Eine seltsame Logik! Wenn dein Vater Pferdedieb war, dein Großvater Pferdedieb war und dein Urgroßvater Pferdedieb war, was wärst du dann?« »Ach«, entgegnete der Freund, »dann wäre ich Sozialdemokrat.«

Wir verschwenden viel Zeit in unserem Leben mit Schubladen, in denen wir selbst oder in denen andere stecken. Wir identifizieren das »Ich« mit der Schublade, mit dem Etikett. Katholik und Protestant sind beliebte Schubladen oder Etiketten. (…)

Welchen Wert haben diese Schubladen, in denen Sie eingesperrt sind, in Bezug auf das »Ich«? Könnten wir sagen, dass das »Ich« keine der Schubladen ist, in die wir es stecken? Schubladen gehören zum »Mich«. Was sich dauernd verändert, ist das »Mich«: Verändert sich das »Ich« jemals? Verändert sich der Beobachter jemals? Jedenfalls, welche Schubladen Sie sich auch immer ausdenken mögen (ausgenommen vielleicht die Schublade ›Mensch‹), Sie sollten das »Mich« hineinstecken. Das »Ich« ist keines dieser Dinge. Wenn Sie aus sich selbst heraustreten und das »Mich« beobachten, identifizieren Sie sich nicht länger mit ihm. Das Leiden steckt im »Mich«, und wenn Sie das »Ich« dem »Mich« gleichsetzen, beginnt das Leiden.

Angenommen, Sie haben Angst oder Sie verlangen nach etwas. Wenn das »Ich« nicht mit Geld, dem Namen, der Nationalität oder einer Eigenschaft gleichgesetzt wird, ist das »Ich« auch nicht bedroht. Es kann sehr aktiv sein, aber es ist nicht bedroht. Denken Sie an irgendetwas, was Sie gequält hat oder immer noch quält, schmerzt oder ängstigt.

Erstens: Können Sie das Verlangen entdecken, das hinter diesem Leiden steckt? Denn Sie verlangen nach etwas sehr intensiv, sonst würden Sie nicht leiden. Was ist dieses Verlangen?

Zweitens: Es handelt sich hier nicht nur um ein Verlangen, sondern um eine Identifikation. Irgendwie haben Sie zu sich gesagt: »Das Wohlbefinden des ›Ich‹, ja die Existenz des ›Ich‹, hängt mit diesem Verlangen zusammen.« Alles Leiden entsteht dadurch, dass ich mich mit etwas identifiziere, sei es nun in mir oder um mich.

Scheuklappen

»Wenn du mich zu deiner Autorität machst«, sagte der Meister zu einem romantischen Schüler, »schädigst du dich selbst, weil du dich weigerst, die Dinge selbst zu erkennen.«

Und nach einer Pause fügte er freundlich hinzu: »Du schädigst auch mich, weil du dich weigerst, mich so zu sehen, wie ich bin.«

Begierig nach Veränderung

Hier stellt sich die große Frage: Muss ich etwas tun, um mich zu ändern? Ich habe eine große Überraschung für Sie, eine Menge guter Neuigkeiten! Sie müssen nämlich überhaupt nichts tun. Je mehr Sie tun, desto schlimmer wird alles. Das Einzige, was Sie tun müssen, ist – verstehen.

Denken Sie an jemanden, mit dem Sie leben oder arbeiten, und den Sie nicht mögen, der bei Ihnen negative Gefühle weckt. Ich will versuchen, Ihnen verständlich zu machen, was hier vor sich geht.

Das Erste, was Sie verstehen müssen, ist, dass das negative Gefühl in Ihnen ist. Sie selbst sind dafür verantwortlich und niemand sonst. Ein anderer wäre in Gegenwart dieses Menschen völlig ruhig und gelöst; er wäre ihm gleichgültig. Ihnen aber nicht.

Dann müssen Sie noch etwas anderes einsehen, nämlich, dass Sie Ansprüche erheben. Sie haben eine bestimmte Erwartung an diese Person. Verstehen Sie das? Dann sagen Sie dem oder der Betreffenden: »Ich habe kein Recht, irgendeinen Anspruch an dich zu stellen.« Wenn Sie das sagen, werden Sie Ihre Erwartung aufgeben. »Ich habe kein Recht, einen Anspruch an dich zu stellen. Ja, ich werde mich schon vor den Folgen deines Tuns, deiner Stimmungen oder was auch immer zu schützen wissen, aber du sei nur, was du sein möchtest. Ich habe kein Recht, Ansprüche an dich zu stellen.«

Achten Sie darauf, was mit Ihnen geschieht, wenn Sie das tun. Spüren Sie in sich einen Widerstand, das zu sagen, werden Sie noch viel über Ihr »Mich« herausfinden. Bringen Sie den Diktator, den Tyrannen in Ihnen zum

Vorschein. Sie dachten, Sie seien ein richtiges kleines Unschuldslamm, nicht wahr? Doch ich bin ein Tyrann, und Sie sind ein Tyrann – eine kleine Variante von »Ich bin ein Narr, du bist ein Narr«. Ich bin ein Diktator, du bist ein Diktator. Ich möchte dein Leben für dich führen; ich möchte dir genau vorschreiben, wie du sein sollst, und wie du dich zu verhalten hast; und du solltest dich wirklich so verhalten, wie ich es beschlossen habe, sonst bestrafe ich mich selbst mit meinen negativen Gefühlen. Denken Sie daran, was ich Ihnen gesagt habe: Jeder ist irgendwie verrückt.

Eine Frau erzählte mir einmal, dass ihr Sohn in der Schule einen Preis gewonnen habe, für hervorragende Leistungen in Sport und in Geisteswissenschaften. Sie freute sich für ihn, war aber fast versucht, ihm zu sagen: »Juble nicht zu sehr über den Preis, du wirst dann umso enttäuschter sein, wenn du im nächsten Jahr nicht mehr so gut abschneidest.« Sie befand sich in einem Dilemma: Wie sollte sie seine vorhersehbare Ernüchterung verhindern, ohne seine Seifenblase jetzt platzen zu lassen?

Hoffentlich wird er ebenso dazulernen, wie seine Mutter an Weisheit gewinnen wird. Es geht nicht darum, was sie ihm sagt, vielmehr kommt es darauf an, was sie möglicherweise werden wird. Dann wird er es verstehen; dann wird sie wissen, ob und wann sie etwas sagen soll. Dieser Preis war das Ergebnis von Wettbewerb, der sehr grausam sein kann, wenn er auf Hass auf sich selbst und auf andere begründet ist. Man fühlt sich gut auf Kosten eines anderen, der sich schlecht fühlt; man besiegt ihn. Ist das nicht schrecklich? Für Narren ist das etwas Selbstverständliches.

Ein amerikanischer Arzt schrieb einmal über die Auswirkungen des Wetteiferns auf sein Leben. Er studierte Medizin an einer Universität in der Schweiz, an der auch ziemlich viele Amerikaner waren. Er berichtete, dass viele Studenten einen regelrechten Schock erlitten, als sie erfuhren, dass es an dieser Universität weder Noten, Preise, Ranglisten, Kursbeste oder -zweitbeste gab. Entweder man bestand oder nicht.

Er erzählte: »Manche von uns konnten es einfach nicht aushalten. Wir bekamen fast Verfolgungswahn. Wir dachten, da müsse doch irgendein Trick dabei sein.« Einige wechselten dann auch an eine andere Universität. Diejenigen, die es aushielten, entdeckten plötzlich etwas Seltsames, was ihnen von amerikanischen Universitäten fremd war: Gute Studenten halfen anderen, die Prüfung zu bestehen, und gaben ihnen ihre Mitschriften. Heute studiert sein Sohn Medizin in den Vereinigten Staaten, und er erzählte, dass manche Studenten das Mikroskop im Labor oft so verstellen, dass der Nächste einige Minuten braucht, um wieder damit arbeiten zu können. Das ist Wettbewerb! Sie müssen Erfolg haben, müssen perfekt sein.

(...)

Einige haben mich gefragt, was ich damit gemeint habe, als ich sagte: »Seien Sie ganz Sie selbst, das ist in Ordnung, aber ich werde mich schützen: Ich werde ganz ich selbst sein.« Mit anderen Worten: Ich werde dir nicht gestatten, mich zu manipulieren. Ich lebe mein Leben, gehe meinen eigenen Weg; ich werde mir immer erlauben, meine eigenen Gedanken zu haben, meine eigenen Neigungen und meinen eigenen Geschmack. Ich werde dir auch Nein sagen können.

Wenn ich nicht mit dir zusammen sein möchte, dann nicht wegen irgendwelcher negativen Gefühle, die du in mir weckst. Das kannst du einfach nicht mehr, du hast keine Macht mehr über mich. Ich möchte vielleicht lieber mit jemand anderem zusammen sein. Wenn du mich zum Beispiel fragen würdest: »Hättest du Lust, heute Abend mit mir ins Kino zu gehen?«, könnte ich dir antworten: »Tut mir leid, ich möchte mit jemand anderem gehen; ich möchte lieber mit ihm zusammen sein.« Das wäre völlig in Ordnung.

Es ist wunderbar, Nein sagen zu können; es gehört mit zum Wachwerden. Es gehört zum Wachwerden, sein Leben so zu leben, wie man es für richtig hält.

Verstehen Sie mich recht: Das hat nichts mit Egoismus zu tun. Egoistisch wäre es, zu verlangen, dass jemand sein Leben so lebt, wie Sie es für richtig halten. Das ist egoistisch. Es ist nicht egoistisch, sein Leben so zu leben, wie man es selbst für richtig hält. Der Egoismus liegt in der Forderung, dass andere Leute so leben sollen, wie es Ihrem Geschmack, Ihrem Stolz, Ihrem Nutzen oder Ihrem Vergnügen entspricht. Das ist wirklich egoistisch. Deshalb schütze ich mich. Ich fühle mich nicht dazu verpflichtet, mit dir zusammen zu sein, ebenso wenig fühle ich mich dazu verpflichtet, Ja zu sagen. Wenn ich deine Gesellschaft mag, genieße ich sie, ohne mich daran zu klammern. Aber ich meide dich nicht länger wegen irgendwelcher negativen Gefühle, die du in mir weckst. Diese Macht hast du nicht mehr.

Das Erwachen sollte eine Überraschung sein. Wenn etwas, was Sie nicht erwarten, eintritt, sind Sie überrascht. Als Frau Webster ihren Mann dabei ertappte, wie er das Dienstmädchen küsste, sagte sie ihm, sie sei sehr überrascht. Aber Webster war ein bisschen pingelig, was den korrekten Gebrauch der Sprache betraf (verständlicherweise, arbeitete er doch gerade an seinem berühmten Wörterbuch), und so erklärte er ihr: »Nein, meine Liebe, ich bin überrascht. Du bist verblüfft!«

Manche setzen sich das Erwachen zum Ziel. Sie streben fest entschlossen danach und stehen auf dem Standpunkt: »Ich weigere mich, glücklich zu sein, bis ich erwacht bin.« In diesem Fall ist es besser, so zu bleiben, wie Sie sind, sich einfach dessen bewusst zu sein, wie Sie sind. Verglichen mit dem Versuch, ständig zu reagieren, ist einfache Bewusstheit Glück. Viele reagieren deshalb so schnell, weil sie es ohne Bewusstheit tun. Sie werden noch verstehen, dass es auch Gelegenheiten gibt, bei denen Sie unvermeidlich reagieren, auch in voller Bewusstheit. Aber in dem Maße, in dem die Bewusstheit wächst, reagieren Sie weniger und agieren mehr. (…)

Seien Sie sich also Ihrer momentanen Bedingtheit bewusst, wie auch immer sie sei. Hören Sie auf, der Diktator zu sein. Hören Sie auf, sich zu etwas zu zwingen. Dann werden Sie eines Tages einsehen, dass Sie allein durch Bewusstheit bereits erreicht haben, wozu Sie sich zwingen wollten.

Evolution

Am folgenden Tag sagte der Meister: »Leider ist es einfacher zu reisen, als anzuhalten.«

Die Schüler wollten wissen warum.

»Solange man unterwegs zu einem Ziel ist, kann man an einem Traum festhalten. Wenn man anhält, steht man vor der Wirklichkeit.«

»Wie sollen wir uns je ändern, wenn wir keine Ziele oder Träume haben?«, fragten die verwirrten Schüler.

»Eine wirkliche Veränderung ist eine Veränderung, die nicht gewollt ist. Stellt euch der Wirklichkeit, und eine spontane Veränderung wird sich vollziehen.«

Dem Leben lauschen

Sie brauchen also Bewusstheit und Nahrung. Sie brauchen kräftige, gesunde Nahrung. Lernen Sie, die stärkende Nahrung des Lebens zu genießen: gutes Essen, guten Wein, gutes Wasser. Probieren Sie es! Vergessen Sie einmal Ihren Geist und finden Sie Ihre Sinne. Das ist gute, gesunde Nahrung. Die Freuden der Sinne, aber auch die Freuden des Geistes. Wenn Sie zum Beispiel ein gutes Buch genießen oder eine spannende Diskussion erleben oder einfach nachdenken. Es ist großartig! Doch leider haben sich die Menschen irgendwie verrannt, sie werden immer abhängiger, da sie die schönen Dinge des Lebens nicht zu genießen verstehen. So verlangen sie nach immer stärkeren künstlichen Aufputschmitteln.

In den siebziger Jahren appellierte Präsident Carter an die Amerikaner, den Gürtel enger zu schnallen. Dabei dachte ich mir: Er sollte nicht an sie appellieren, mehr zu sparen, sondern sie daran erinnern, das, was sie haben, mehr zu genießen. Viele haben es verlernt, etwas zu genießen. Ich glaube, die meisten Menschen in reichen Ländern haben das verlernt. Sie brauchen immer teurere technische Spielereien, sie können sich nicht an den einfachen Dingen des Lebens erfreuen. Wohin man geht, ob im Supermarkt oder in Wartesälen, ertönt die schönste Musik, aber ich habe noch keinen getroffen, der ihr je gelauscht hätte – keine Zeit, keine Zeit. Sie sind schuldig, sie haben keine Zeit, das Leben zu genießen. Sie sind überlastet: weiter, weiter.

Wenn Sie das Leben und die einfachen Sinnesfreuden wirklich genießen würden – Sie wären überrascht. Sie würden die außergewöhnliche Disziplin eines Tieres entwickeln. Ein Tier isst niemals zu viel, in seiner natürlichen Umgebung wird es nie zu dick. Es wird niemals etwas essen oder trinken, das seiner Gesundheit schaden könnte. Sie würden nie ein Tier Zigaretten rauchen sehen. Es bewegt sich so viel, wie es braucht – beobachten Sie einmal Ihre Katze nach ihrer Mahlzeit, sehen Sie, wie sie sich ausruht und wie sie mit einem Sprung wieder in Aktion ist, sehen Sie, wie geschmeidig ihre Glieder und wie lebendig ihr Körper ist. Das haben wir verloren. Wir sind nur noch kopfgesteuert, haben uns in unseren Ideen und Idealen verloren, und ständig heißt es: weiter, weiter. Auch stehen wir in einem inneren Konflikt, den Tiere nicht haben. Wir machen uns selbst immer wieder Vorwürfe und plagen uns mit Schuldgefühlen. Sie werden wissen, wovon ich spreche.

Was vor Jahren ein Freund zu mir sagte, hätte ich auch von mir selbst sagen können: Nimm doch diese Schachtel Pralinen weg, denn eine Schachtel Pralinen raubt mir meine Freiheit. Das galt ebenso für mich: Ich verlor meine Freiheit angesichts aller möglichen Dinge, aber das ist jetzt vorbei! Ich brauche nicht viel und genieße es dafür umso intensiver. Wenn man etwas intensiv genossen hat, braucht man davon sehr wenig. Wie Leute, die eifrig ihren Urlaub planen: Sie treffen monatelang Reisevorbereitungen, und sind sie dann schließlich an Ort und Stelle, geht es ihnen nur noch darum, ob die Plätze für den Rückflug gebucht sind. Sie fotografieren viel, und später werden sie die Fotos in einem Album vorzeigen – Fotos von Orten, die sie nie wirklich gesehen, sondern nur festgehalten haben. Ein Symbol unseres modernen Lebens.

Vor dieser Art von Askese kann ich Sie nicht genug warnen. Schalten Sie herunter: Schmecken Sie, riechen Sie, hören Sie, lassen Sie Ihre Sinne aufleben! Wenn Sie den königlichen Weg zur Mystik suchen, setzen Sie sich in Ruhe hin, und lauschen Sie allen Klängen um sich herum. Konzentrieren Sie sich nicht nur auf einen einzigen Klang; versuchen Sie, alle zu hören. Sie werden reine Wunder erleben, wenn Ihre Sinne sich entfalten. Das ist für den Prozess der Veränderung überaus wichtig.

Genießen

Von einer Reise zurückgekehrt, erzählte der Meister von einer Begebenheit, die er für ein Gleichnis des Lebens hielt.

Während eines kurzen Aufenthalts ging er an einen einladend aussehenden Essensstand, an dem köstliche Suppen, heißer Curry und alle möglichen verlockenden Gerichte angeboten wurden.

Er bestellte eine Suppe.

»Gehören Sie zu dem Bus?«, fragte fürsorgend die Bedienung. Der Meister nickte.

»Es gibt keine Suppe.«

»Heißen Curry mit gedämpftem Reis?«, fragte der Meister irritiert.

»Nein, wenn Sie zum Bus gehören. Sie können belegte Brote haben. Ich habe den ganzen Morgen gebraucht, um diese Speisen zuzubereiten, und Sie haben kaum zehn Minuten Zeit zum Essen. Ich möchte Sie kein Gericht verzehren lassen, für das Sie nicht die Zeit haben, es zu genießen.«

Der Reichtum des Schweigens

»Schweigen ist die große Offenbarung«, hat Laotse gesagt. Wir haben uns daran gewöhnt, die Heilige Schrift für die Offenbarung Gottes zu halten. Und das ist auch richtig. Nun aber sollst du die Offenbarung des Schweigens entdecken. Um die Offenbarung aufzunehmen, welche die Heilige Schrift anbietet, musst du dich innerlich der Heiligen Schrift öffnen. Um die Offenbarung des Schweigens aufzunehmen, musst du zunächst das Schweigen erfahren. Das ist nicht leicht. (...)

Die meisten entdecken zu ihrer Überraschung, dass sie an Schweigen einfach nicht gewöhnt sind. Auch mit der größten Anstrengung können sie nicht das ständige Umherschweifen der Gedanken unterbinden oder den Aufruhr der Gefühle beruhigen. Andere spüren, wie sie sich den Anfängen des Schweigens nähern. Dann erfasst sie Panik, und sie kehren um. Schweigen kann ein furchterregendes Erlebnis sein.

Kein Grund zur Entmutigung. Selbst dieses Umherschweifen der Gedanken ist eine große Offenbarung, nicht wahr? Die Tatsache, dass du umherschweifende Gedanken hast: Ist das nicht eine Offenbarung von dir selbst? Es genügt nicht, das zu wissen. Du musst dir Zeit lassen, die umherschweifenden Gedanken zu erfahren. Und die Art, wie deine Gedanken umherschweifen, welche Wege sie gehen: Auch das ist eine Offenbarung!

Und nun ein Wort der Ermutigung: Die Tatsache, dass dir überhaupt bewusst wird, wie sehr deine Gedanken umherschweifen, dass du den inneren Aufruhr und deine Unfähigkeit, ruhig zu sein, wahrnimmst, zeigt, dass du doch ein wenig Schweigen in dir hast, genug zumindest, dass dir diese Dinge bewusst werden.

Schließe die Augen wieder und werde dir deiner umherschweifenden Gedanken bewusst ... nur zwei Minuten lang ...

Nun empfinde das Schweigen, durch das du deine umherschweifenden Gedanken wahrnehmen konntest.

Auf dieser Stufe des Schweigens – es ist die »unterste« Stufe – werden wir die folgenden Übungen aufbauen. Während es wächst, wird es dir immer mehr über dich selbst offenbaren. Oder genauer: Das Schweigen wird dir dich selbst offenbaren. Das ist seine erste Offenbarung: du selbst. In und durch diese Offenbarung wirst du Dinge erlangen, die du mit keinem Geld der Welt kaufen kannst – Dinge wie Weisheit, Heiterkeit, Freude und Gott.

Um diese unbezahlbaren Dinge zu bekommen, genügt es nicht, nachzudenken, zu reden, zu diskutieren. Du wirst dich abmühen müssen. Mache dich sofort an die Arbeit.

Schließe die Augen. Bemühe dich noch einmal fünf Minuten lang um Schweigen.

Überlege am Ende der Übung, ob deine Versuche diesmal erfolgreicher waren oder weniger erfolgreich.

Überlege, ob das Schweigen dir diesmal etwas gezeigt hat, was du das letzte Mal nicht bemerkt hattest.

Suche in den Offenbarungen des Schweigens nicht nach aufregenden Dingen – nach Eingebungen, Inspirationen, Einsichten. Suche überhaupt nicht. Beschränke dich darauf, zu beobachten. Bemerke alles, was in dein Bewusstsein kommt. Alles, und sei es noch so banal und gewöhnlich. Die Offenbarungen bestehen vielleicht nur in dem Bewusstsein, dass deine Hände feucht sind, dass du gern deine Sitzhaltung ändern würdest oder dass du dir Sorgen um deine Gesundheit machst. Das aber ist ohne Bedeutung. Wichtig ist, dass du dir dessen bewusst geworden ist. Der Inhalt dieser Wahrnehmung ist weniger wichtig als ihre Intensität. Je intensiver die Wahrnehmung wird, desto tiefer wird das innere Schweigen. Und während das Schweigen tiefer wird, erlebst du eine Wandlung. Und zu deiner Freude wirst du entdecken, dass Offenbarung nicht in Wissen besteht, sondern in Kraft; eine geheimnisvolle Kraft, die eine Umwandlung in dir bewirkt.

Alleinsein

Einem Schüler, der ständig Antworten von ihm erwartete, sagte der Meister: »Du hast in dir eine Antwort auf jede Frage, die du stellst – wenn du nur wüsstest, wie du sie suchen solltest.«

Und an einem anderen Tag sagte er: »Im Lande des Geistes kann man nicht bei dem Licht der Lampe eines anderen gehen. Du willst dir meine ausleihen. Ich möchte dich jedoch lieber lehren, wie du deine eigene herstellen kannst.«

Mut und Ehrlichkeit

Was von uns erwartet wird, ist Ehrlichkeit: dass wir uns nichts vormachen, dass wir uns der Wahrheit über uns selbst, unsere Feigheit, unsere Selbstsucht und unsere Besitzansprüche stellen und unsere Ausflüchte ablegen. Sobald wir uns ins Gebet begeben, werden wir merken, dass sich Stimmen in uns melden, die wir lieber überhören möchten. Was von uns verlangt wird, ist der Mut, zuzuhören, die Ohren nicht zu verstopfen und nicht wegzuschauen, wie unangenehm das auch sein mag.

Begeben Sie sich nicht auf den Weg mit der vorgefassten Meinung, Gott könne dieses oder jenes einfach nicht von Ihnen verlangen. Das wäre töricht und dumm. Gott hat keinerlei Hemmungen, Torheiten und Dummheiten von uns zu verlangen. Was könnte törichter sein als die Erlösung ausgerechnet durch das Kreuz? Was lächerlicher, als dass die Apostel in Zungen reden und sich dem Vorwurf der Trunkenheit aussetzen sollten? Unser übergroßes Verlangen, immer vernünftig, ausgeglichen und respektvoll zu erscheinen, ist tatsächlich eins der größeren Hindernisse für die Heiligkeit. Wir möchten einen ordentlichen und ausgeglichenen Eindruck erwecken und tun, was vernünftig, anständig und üblich ist, mit anderen Worten, was die Gesellschaft für angebracht und vernünftig hält. Der Heilige Geist kann nach den Normen dieser Welt ausgesprochen »unvernünftig« sein. Auch die Heiligen waren, mit dem gleichen Maßstab gemessen, verrückt. Die Grenze zwischen Heiligkeit und Verrücktheit ist tatsächlich sehr fein; oft ist das eine vom anderen kaum zu unterscheiden. Wenn wir große Heilige sein und Großes für Gott leisten möchten, müssen wir die Furcht, für verrückt gehalten zu werden, und die Sorge um unseren guten Namen ablegen. Wir wollen daher von der Liste dessen, was Gott von uns verlangen könnte, »Verrücktheiten« nicht ausschließen. Wir wollen uns ihm nahen mit offenem Geist und offenem Herzen für alles, was er will, mag es auch auf den ersten Blick noch so verrückt oder schwierig erscheinen.

Wahre Geistigkeit

Der Meister wurde gefragt: »Was ist Geistigkeit?«

Er sagte: »Geistigkeit ist das, was im Menschen eine innere Verwandlung bewirkt.«

»Aber wenn ich die von den Meistern überlieferten traditionellen Methoden anwende, ist das nicht Geistigkeit?«

»Wenn es für dich nichts bewirkt, ist es nicht Geistigkeit. Eine Decke ist keine Decke mehr, wenn sie dich nicht wärmt.«

»Also ändert sich Geistigkeit?«

»Die Menschen ändern sich und brauchen Veränderungen. Was also einst Geistigkeit war, ist heute keine mehr. Was im Allgemeinen unter der Bezeichnung Geistigkeit läuft, ist nur noch die Erinnerung an vergangene Methoden.«

Schneide den Mantel so zu, dass er dem Menschen passt. Schneide nicht den Menschen zu, dass er in den Mantel passt.

Leere

Manchmal fiel eine Schar lärmender Besucher in das Kloster ein, und die Stille wurde zunichte.

Das ärgerte die Schüler; nicht so den Meister, der gleichermaßen zufrieden schien, ob Lärm oder Stille herrschte.

Eines Tages sagt er seinen protestierenden Schülern: »Stille ist nicht das Fehlen von Geräusch, sondern das Fehlen von Selbst.«

Stille

Ein großer König im Morgenland besuchte seinen Meister und sagte ihm: »Ich bin ein äußerst beschäftigter Mann, kannst du mir sagen, was ich tun muss, um mit Gott vereint zu sein? Aber antworte mir in nur einem Satz!«

Darauf entgegnete der Meister: »Ich werde dir sogar nur mit einem einzigen Wort antworten!«

»Und wie lautet dieses Wort?«, fragte der König.

Der Meister sagte: »Stille!«

»Und wie kann ich Stille finden?«, hakte der König nach.

»Meditation!«, gab der Meister zurück. Meditation bedeutet im Verständnis des Ostens, nicht zu denken, jenseits allen Denkens.

Darauf fragte der König: »Und was ist Meditation?«

Der Meister antwortete: »Stille!«

»Wie werde ich sie entdecken?«

»Stille.«

»Wie werde ich die Stille entdecken?«

»Meditation!«

»Was ist denn nun Meditation?«

»Stille!«

Stille bedeutet, Worte und Gedanken hinter sich zu lassen. Was ist falsch an Wörtern und Gedanken? Sie schränken ein.

Gott ist nicht so, wie wir sagen, dass er sei; nichts von alldem, was wir uns vorstellen oder in Gedanken fassen. Das ist das Verkehrte an Worten und Gedanken. Die meisten Leute sind in den Bildern verfangen, die sie sich von Gott gemacht haben. Das ist das größte Hindernis auf dem Weg zu Gott. Möchten Sie eine Kostprobe der Stille, von der ich spreche?

Der erste Schritt ist Verstehen. Was verstehen? Verstehen, dass Gott nichts mit der Vorstellung zu tun hat, die Sie von ihm haben.

In Indien gibt es viele Rosen. Nehmen wir einmal an, ich hätte noch nie in meinem Leben den Duft einer Rose gerochen, und ich frage, wie denn der Duft einer Rose sei. Könnten Sie ihn mir beschreiben?

Wenn Sie schon eine so einfache Sache wie den Duft einer Rose nicht beschreiben können, wie sollte dann jemand eine Gotteserfahrung beschreiben? Alle Wörter werden unzutreffend sein. Gott ist mehr, als man in Worten ausdrücken kann. Das ist das Mangelhafte an Wörtern. Es gibt einen bedeutenden Mystiker, der ein Buch mit dem Titel »Die Wolke des Nichtwissens« geschrieben hat, es ist ein großes christliches Buch. Darin schreibt er: »Sie möchten Gott kennen? Es gibt nur einen Weg, ihn kennenzulernen: durch Nichtwissen!« Sie müssen Ihren Verstand und Ihre Gedanken hinter sich lassen; erst dann werden Sie ihn mit dem Herzen verstehen. Der heilige Thomas von Aquin sagt: »Bei Gott können wir nicht wissen, was er ist, sondern höchstens, was er nicht ist.« Ebenso sagt die Kirche: »Jedes Bild, das wir uns von Gott machen, ist ihm eher fremd als ähnlich.«

Wenn das stimmt, was ist dann aber mit der Bibel? Nun, sie gibt uns weder ein Porträt Gottes noch eine Beschreibung; vielmehr gibt sie uns Hinweise. Denn Worte können uns kein Porträt Gottes zeichnen.

Nehmen wir einmal an, ich bin in meiner Heimat Indien und gehe in Richtung Bombay. Dabei komme ich an ein Schild, auf dem »Bombay« steht. Ich sage mir: »Sieh mal an, hier ist also Bombay!« Also schaue ich mir das Schild an, drehe mich um und gehe wieder zurück.

Nach meiner Rückkehr werde ich gefragt: »Warst du in Bombay?«

»Ja, genau dort war ich.«

»Und wie sieht es dort aus?«

»Wisst ihr, dort sieht es so aus: Da steht ein gelbes Schild, auf dem steht ein Buchstabe, der wie ein B aussieht, der nächste wie ein O usw.« Da haben wir es! Dieses Schild ist eben nicht Bombay. Es ähnelt nicht einmal Bombay, und noch weniger gibt es ein Bild von Bombay. Es ist ein Zeichen. So ist es auch mit der Bibel: Sie ist ein Fingerzeig, ein Hinweis, und keine Beschreibung.

»Wenn der Weise auf den Mond zeigt, sieht der Tor nur den Finger.« Stellen Sie sich vor, ich zeigte auf den Mond und sagte: »Mond«. Dann kommen Sie daher und sagen: »Das ist der Mond?« und schauen auf den Zeigefinger. Darin liegt die Gefahr und die Tragik der Wörter. Wörter sind schön. »Vater«, zum Beispiel, ist ein schönes Wort, um auf Gott hinzuweisen. Die Kirche spricht von einem Mysterium, Gott ist ein Mysterium. Wenn Sie das

Wort »Vater« wörtlich nehmen, kommen Sie jedoch in die Klemme, denn bald wird man Sie fragen: »Was ist denn das für ein Vater, der so viel Leid zulässt?« Gott ist ein unerklärbares Geheimnis! Unbekannt, unbegreiflich, jenseits dessen, was man verstehen und in Worte fassen kann!

Stellen Sie sich einen Mann vor, der von Geburt an blind ist und fragt: »Was ist das, was man Grün nennt und wovon alle Welt spricht?« Wie würden Sie ihm die Farbe Grün beschreiben? Es ist unmöglich! Er wird fragen: »Ist Grün warm oder kalt? Groß oder klein? Hart oder weich?« Grün ist nichts davon. Die Fragen dieses guten Mannes kommen aus seinen eingeschränkten Erfahrungen. Aber nehmen wir einmal an, ich sei ein Musiker und sagte: »Ich will Ihnen sagen, wie die Farbe Grün ist: Sie ist wie sanfte Musik.«

Und eines Tages erlangt er das Augenlicht, und ich frage ihn: »Haben Sie das Grün gesehen?«, und er antwortet »Nein«.

Wissen Sie warum? Weil er die Musik gesucht hat! Er war so auf die Vorstellung von Musik fixiert, dass er das Grün nicht erkennen konnte, selbst als er es sah.

Im Orient gibt es eine andere nette Geschichte, die von einem Fischlein handelt, das im großen Ozean schwimmt. Jemand sagt zum Fischlein: »Oh, wie riesengroß ist doch der Ozean. Unermesslich, wunderbar!«

Und das Fischlein schwimmt hin und her und fragt: »Wo ist denn der Ozean? Kannst du mir sagen, wo ich ihn finde?«

»Du bist mittendrin.«

Was meint der kleine Fisch denn, was Wasser ist!

Er kann den Ozean nicht erkennen. Er ist an das Wort

gefesselt. Könnte es mit uns nicht genauso sein? Könnte es sein, dass uns Gott ins Gesicht sieht, und wir, auf Begriffe und Vorstellungen fixiert, erkennen ihn nicht? Das wäre tragisch!

Stille ist der erste Schritt, um zu Gott zu gelangen und um zu verstehen, dass alle Begriffe und Vorstellungen von Gott unzutreffend sind. Die meisten Leute sind nur nicht dazu bereit, dies einzusehen, und das verhindert oft das Gebet.

Um zur Stille zu gelangen, ist es notwendig, sich seiner fünf Sinne bewusst zu werden, indem man sie benutzt. Das mag vielen von Ihnen absurd erscheinen, ja unglaublich, aber alles, was Sie tun müssen, ist: sehen, hören, fühlen, riechen, schmecken.

Im Orient sagen wir: »Gott erschuf die Welt. Gott tanzt in der Welt.« Können Sie sich einen Tanz vorstellen, ohne den Tänzer zu sehen? Gehört das nicht zusammen? Nein. Es sind zwei verschiedene Dinge, und Gott ist für die Schöpfung das, was die Stimme des Sängers für das Lied ist. Angenommen, ich singe ein Lied. Dabei hätten Sie also einmal meine Stimme, und zum zweiten das Lied. Stimme und Lied sind sehr eng miteinander verbunden, sind aber nicht ein und dasselbe. Doch bedenken Sie: Ist es nicht seltsam, dass wir das Lied hören und nicht die Stimme? Dass wir den Tanz sehen und nicht den Tänzer?

Soll damit gesagt sein, es genüge schon zu schauen, um die Gnade zu erhalten, Gott zu sehen und zu erkennen? Nein. Sie können lediglich die Gnade erhalten, zu sehen und zu erkennen, was eine besondere Art des Schauens erfordert.

Der Fuchs sagt dem kleinen Prinzen etwas Wunderschönes: »Man sieht nur mit dem Herzen gut. Das Wesentliche ist für die Augen unsichtbar.« Deshalb muss man mit dem Herzen hören und mit dem Herzen sehen.

In einer japanischen Erzählung sagt ein Schüler zum Meister: »Du verbirgst vor mir das letzte Geheimnis der Kontemplation.«

Der Meister erwidert: »Nein, das tue ich nicht.«

»Doch«, beharrt der Schüler.

Eines Tages gehen die beiden im Wald spazieren, und in den Bäumen zwitschern die Vögel. Der Meister fragt seinen Schüler: »Hörst du, wie die Vögel singen?«

»Ja«, erwidert der Schüler.

»Also weißt du jetzt, dass ich nichts vor dir verberge.« Der Schüler nickt.

Wissen Sie, was passiert war? Er hatte mit dem Herzen gehört, mit dem Herzen gelauscht. Dies ist eine Gnade, die uns gewährt werden kann, wenn wir schauen.

Stellen Sie sich vor, ich betrachte einen Sonnenuntergang, und es kommt ein Bauer vorbei und fragt: »Was machen Sie denn da? Sie sind ja ganz weggetreten!«

Ich antworte: »Ich bin ganz bezaubert von so viel Schönheit!«

Und der gute Mann kommt nun jeden Abend und sucht die Schönheit, fragt sich, wo sie steckt. Er sieht die Sonne am Horizont, die Wolken, die Bäume. Doch wo ist die Schönheit? Er versteht nicht, dass Schönheit keine Sache ist. Schönheit ist eine Art, die Dinge zu sehen. Betrachten Sie die Schöpfung! Ich hoffe, dass Ihnen eines Tages die Gabe zuteilwerden wird, mit dem Herzen zu sehen. Und dass Sie beim Betrachten der Schöpfung nichts Sensationelles erwarten.

Nur schauen! Beobachten Sie; aber nicht Ihre Vorstellungen. Betrachten Sie die Schöpfung. Ich hoffe sehr, dass Ihnen diese Gabe zuteilwird, denn Sie werden beim Schauen einen Zustand der Ruhe erfahren, und die Stille wird von Ihnen Besitz ergreifen. Dann werden Sie sehen können. Genau davon spricht so wunderbar das Johannesevangelium, in dem es am Anfang des ersten Kapitels heißt: »Alles ist durch das Wort geworden, und ohne das Wort wurde nichts, was geworden ist.« Und bald darauf dieser schöne Satz: »Er war in der Welt, und die Welt ist durch ihn geworden, aber die Welt erkannte ihn nicht.« Wenn Sie zu schauen vermögen, werden Sie ihn vielleicht erkennen. Schauen Sie auf den Tanz, und hoffentlich werden Sie den Tänzer sehen. (…)

Ich möchte Ihnen nun eine Geschichte erzählen. Sie ist eine schöne Zusammenfassung der Spiritualität des Sehens und Hörens. Habe ich Ihnen schon einmal gesagt, dass eine Geschichte die kürzeste Entfernung zwischen einem Menschen und der Wahrheit ist?

»Es gab einmal einen Tempel. Der Tempel stand auf einer Insel, zwei oder drei Kilometer vom Festland entfernt. Er hatte tausend Glocken aus feinstem Silber, große und kleine; Glocken, gegossen von den besten Glockengießern der ganzen Welt. Und immer, wenn der Wind wehte oder ein Sturm tobte, begannen die Glocken zu läuten. Es hieß, wer diese Glocken hörte, werde erleuchtet und würde Gott erfahren. Jahrhunderte verstrichen, und die Insel versank in den Fluten. Die Insel – und mit ihr der Tempel und die Glocken. Doch die Überlieferung blieb bestehen, dass ab und zu die Glocken läuteten, und wer die Gabe hätte, sie zu hören, würde Gott ein Stück näherkommen.

Von dieser Geschichte angezogen, machte sich ein junger Mann von weit her auf den Weg, bis er zu der Stelle kam, von der man sagte, dort habe einst der Tempel gestanden. Er setzte sich in das erste Fleckchen Schatten, das er fand, und lauschte angestrengt, um den Klang dieser Glocken zu hören.

So groß sein Wille auch war – alles, was er hörte, war das Rauschen der Wellen, die sich am Strand brachen oder gegen die Felsen donnerten. Das ärgerte ihn, denn er wollte das Rauschen nicht haben, um den Klang der Glocken zu hören. So harrte er eine Woche aus, vier Wochen, acht Wochen ... bis schließlich drei Monate vergangen waren. Als er entmutigt aufgeben wollte, hörte er, wie die Alten im Dorf des Nachts von der Überlieferung erzählten und von denen, denen die Gabe zuteil geworden war. Darauf geriet er in große Erregung. Doch er wusste, dass alle Begeisterung den Klang der Glocken nicht ersetzen konnte. Nachdem er es sechs oder acht Monate lang versucht hatte, beschloss er aufzugeben. Vielleicht war es ja doch nur eine Sage, vielleicht war diese Gabe einfach nicht für ihn bestimmt. So verabschiedete er sich von den Leuten, bei denen er gewohnt hatte, und ging zu seinem Platz am Strand zurück, um sich von dem Baum zu verabschieden, der ihm Schatten gespendet hatte, vom Meer und vom Himmel. Dort begann er auf einmal, dem Rauschen der Wellen zu lauschen, und entdeckte dabei zum ersten Mal, dass es ein schönes Rauschen war, angenehm und beruhigend. Und dieser Klang führte ihn zur Stille. Während die Stille tiefer und tiefer wurde, geschah etwas. Er vernahm das Klingeln eines kleinen Glöckchens. Er erschrak und dachte: »Das kann nur ich selbst sein. Das bilde ich mir ein!« Und wiederum lauschte er dem Rauschen des Meeres, verlor sich darin, verharrte in Stille. Die Stille wurde tiefer, und wiederum vernahm er das Klingeln eines Glöckchens, gefolgt vom Läuten einer Glocke, und noch einer und noch einer … Und bald vereinte sich der Klang aller tausend Tempelglocken zu einer himmlischen Sinfonie. Er geriet außer sich vor Freude und Staunen und erhielt die Gnade, mit Gott vereint zu sein.«

Wenn Sie den Klang einer Glocke hören möchten, lauschen Sie dem Rauschen des Meeres. Wenn Sie den Tänzer sehen möchten, betrachten Sie den Tanz. Wenn Sie die Stimme eines Sängers hören möchten, lauschen Sie dem Lied. Sehen Sie, hören Sie, haben Sie die Hoffnung, dass es Ihnen eines Tages gegeben sein wird, in Ihrem tiefsten Inneren sehen und erkennen zu können.

Was du tun kannst

Ein Schüler kam auf seinem Kamel zu dem Zelt seines Sufi-Meisters geritten. Er stieg ab und ging direkt in das Zelt hinein, verneigte sich tief und sagte: »Mein Vertrauen in Gott ist so groß, dass ich mein Kamel draußen nicht angebunden habe, weil ich überzeugt bin, Gott wird die Interessen derer, die ihn lieben, schützen.«

»Geh und binde dein Kamel an, du Narr«, sagte der Meister. »Man soll Gott nicht mit Dingen belästigen, die man selbst erledigen kann.«

Untauglichkeit

Der Meister pflegte zu behaupten, Wort und Begriff »Gott« seien letzten Endes das Hindernis, dass wir Gott nicht erreichten.

Der örtliche Priester wurde darüber so wütend, dass er beleidigt zu dem Meister kam, um die Angelegenheit auszudiskutieren.

»Aber das Wort ›Gott‹ kann uns doch wohl zu Gott hinführen?«, sagte der Priester.

»Das kann es«, sagte der Meister ruhig.

»Wie kann etwas helfen und doch Hindernis sein?«

Sagte der Meister: »Der Esel, der dich bis zur Tür bringt, taugt nicht, dich in das Innere des Hauses zu transportieren.«

Von der Pflicht

Wie sehen die gewöhnlichen Urteile Ihres Verstandes aus? Ihre innere Stimme hat Ihnen sicherlich schon einmal drängend zugeraunt: »Das solltest du nicht tun; das solltest du nicht sagen; das brauchst du; dies steht dir zu … sie sollte eher …« Vielleicht wies Sie Ihre innere Stimme auch schon einmal auf Möglichkeiten hin, sprach Einladungen aus, ohne Druck auszuüben, frei, sodass Sie selbst eine Entscheidung treffen konnten. Oder bekommen Sie von ihr nur »du solltest« auf jede Regung eines Wunsches zu hören? Pflichten machen Entscheidungen überflüssig, denn der gesellschaftliche Druck ist so groß und die Gesetze, wie man sich der Norm nun anzupassen hat, so zahlreich, dass einem nur noch übrig bleibt, seinen inneren Bedürfnissen zu folgen.

Können Sie diese »Pflichten« erkennen, wie zum Beispiel familiäre Bindungen, die einer entfernten Vergangenheit entstammen? Schon in der Vergangenheit hatten sie etwas Unwirkliches, doch nun sind sie wirklich nicht mehr real. Es sind Erinnerungen an Ihre Vergangenheit, an die Stadt, aus der sie kommen, doch sie haben kein Leben mehr. Sie besitzen weder Liebe, noch Zärtlichkeit, noch Zuneigung. Sie sind eine Art geistiger Droge. Sehen Sie ein, dass sie einem anderen Raum und einer anderen Zeit entstammen, keine Verbindung zu Ihrem Hier und Jetzt haben? Sie haben nichts mit »Ihnen« zu tun. Pflichten sind Begriffe ohne Realität und Leben. Wie macht man damit Schluss, die Welt bis zuletzt mit dem Kopf zu steuern?

Wir müssen die Gedankengebilde unter die Lupe nehmen! Was spielt sich in unserem Innern ab? Stellen Sie sich einen Menschen vor, der weder hören noch sehen kann, der taub und blind in einer Welt voll anderer Tauber und Blinder leben würde. In was für einer Welt würde er leben? Käme dieser Mensch irgendwann auf den Gedanken, dass die Dinge, die er berührt, riecht und schmeckt, noch eine andere Dimension haben, ein sichtbares Erscheinungsbild? Und wie wäre es, wenn Sie ohne den Gebrauch Ihrer fünf Sinne aufwüchsen und sich nur daran hielten, was Ihnen die »Pflichten« vorschreiben? Höchstwahrscheinlich würden Sie nie Ihren eigenen Sinnen trauen, Ihrem gesunden Menschenverstand, sich selbst. Doch was Sie Ihr Leben lang suchen würden, sobald Sie den Mund auftun, denken, handeln und fühlen, wäre die Billigung durch eine höhere Instanz. Tatsächlich zwingen manche Gesellschaften ihre Mitglieder dazu, es offen einzugestehen, wenn sie anders sprechen, denken, handeln und fühlen als vorgesehen.

Manche Religionen tun das auch.

Solange es eine durch Gehorsam bedingte Ordnung gibt, gibt es auch ein tiefreichendes und diffuses Risiko, unmittelbar unter dieser dünnen, sicheren Oberfläche. Macht schafft Angst, Konformität schafft Beschränkungen. Pflichten, die sich aus einem System ergeben, können einen Menschen seiner ihm eigenen Anmut, Schönheit und Liebe berauben.

Sie sind nicht Sie selbst und waren es auch schon seit frühester Kindheit nicht mehr. Möchten Sie gerne herausfinden, wer Sie in Wirklichkeit sind? Haben Sie so viel Mut, Sie selbst zu werden? Das ist ermutigend. Mit den Gefühlen, dem Denken und Handeln Ihres neuen Selbst werden Sie lieben können. Aber Sie haben niemanden mehr, der Sie beurteilt und von oben her bewacht. Dieses neue Leben beginnt mit der Annahme und Liebe Ihrer selbst, mit dem Vertrauen auf Ihre Sinne, alle Ihre Sinne, in jeder Hinsicht. Es ist eine ganz besondere und minutiöse Akzeptanz. Sind Sie dazu bereit?

Löwen der Wildnis, gebt acht! Hier komme ich! Nach allem, was ich war, endlich ohne Angst.

Wir haben fünf Sinne. Vielleicht haben wir noch fünf mehr, und das Leben könnte uns Dinge zeigen, die wir nie vermutet hätten … Weil wir diese Sinne nicht haben, kann unser Verstand diese Möglichkeiten nicht im Geringsten in Erwägung ziehen. Jemand, der taub und blind auf die Welt kam, kann nicht verstehen, dass die Blume, die er riecht und berührt, auch eine Farbe hat. Niemals käme er auf die Idee, dass es so etwas gibt. Um wirklich leben zu können und Sie selbst zu sein, brauchen Sie diese besondere Gabe, das Unbekannte fühlen und denken zu können. Wer für die »Pflichten« lebt, hat keine eigenen Gefühle, nur Gedanken und Freude aus zweiter Hand. Wie diejenigen, die nur lachen können, wenn der Chef lacht. Sie brauchen ein Gefühl der »Berechtigung«, bevor sie lachen. Die Genehmigung macht ihr Lachen zulässig.

Viele Erwachsene brauchen für die kleinste Kleinigkeit eine Erlaubnis – um ab und zu ihre Meinung zu sagen, oder um ein bisschen Spaß im Leben zu haben. Wie ein Kind bitten sie um Erlaubnis, wenn sie dafür kämpfen, selbst frei entscheiden, Anteil nehmen, sprechen und fühlen zu können.

Die eigene Beeinflussung zu überwinden ist genauso schwierig, wie die fünf Sinne zum ersten Mal zu gebrauchen. Sie werden sich seltsam vorkommen und sich alleine fühlen, wenn Sie auf sie vertrauen, anstatt dem Drang zu folgen, eine Erlaubnis einzuholen. Doch die Freude, die Sie erfahren werden, ist nicht zu beschreiben: Es ist wie eine Auferstehung zu neuem Leben.

Was sehen Sie, wenn Sie das Leben betrachten? Man weiß es nicht. Fügen Ihre Sinne der Wirklichkeit etwas Neues hinzu? Hat sie tatsächlich eine bestimmte Eigenschaft oder lassen Ihre Sinne etwas entstehen, was eigentlich nicht, oder nur zum Teil, dazugehört? Wir wissen es nicht. Wie kann man wissen, ob es die Farbe Grün tatsächlich gibt? Stellen Sie sich vor, ich sähe die Farbe Grün, Sie sähen sie aber gelb und würden sie nur grün nennen. Stellen wir uns vor, wir betrachten ein und dieselbe Sache, tun dies aber nicht. Wir wissen nicht, inwieweit unser Wahrnehmungsvermögen dafür verantwortlich ist, was wir sehen. Wie traurig wäre es aber, wenn wir es nicht hätten, um das Leben zu entdecken.

Wie kann ich wissen, ob meine Gefühle wirklich meine eigenen sind, meiner eigenen Wahrnehmung der Wirklichkeit entspringen, oder Gefühle sind, die durch eine höhere Instanz geweckt wurden? Glauben Sie, dass es eine richtige Art zu fühlen gibt? Wer legt dafür die Kriterien fest? Wie oft sehen, denken, fühlen und handeln Sie aus Pflichtgefühl?

Auf der Ebene der Pflicht nähern Sie sich noch nicht einmal der Wirklichkeit, geschweige denn, dass Sie eine Ahnung bekämen, was sie ist. Sie gelangen nur zu Begriffen und Abbildern der Wirklichkeit mit Hilfe von Regeln der Etikette oder der Konvention. Noch sind Sie nicht auf den wahren Geschmack gekommen, noch haben Sie je geliebt. »Herr, ich kann sehen!«, »Mein Gott, das ist wunderbar!«

Zwei Sterne über dem Berg

Es war einmal ein sehr strenger Mann, über dessen Lippen weder Speise noch Trank kamen, solange die Sonne am Himmel stand. Ein Zeichen der himmlischen Anerkennung für seine Entbehrungen schien ihm ein heller Stern zu sein, der für alle sichtbar auch bei Tageslicht über einem nahen Berggipfel erstrahlte, obgleich niemand wusste, wie der Stern dorthin gekommen war.

Eines Tages beschloss der Mann, auf den Berg zu steigen. Ein kleines Mädchen aus dem Dorf wollte ihn unbedingt begleiten. Der Tag war warm, und bald wurden die beiden sehr durstig. Er drängte das Kind zu trinken, aber es wollte nicht, wenn er nicht auch tränke. Der arme Mann war in Verlegenheit. Er hasste es, sein Fasten zu brechen, aber er hasste es auch, das Kind unter dem Durst leiden zu sehen. Schließlich trank er, und das Kind mit ihm.

Lange Zeit wagte er nicht, zum Himmel empor zu sehen, denn er fürchtete, der Stern sei verschwunden. Man stelle sich deshalb sein Erstaunen vor, als er schließlich wagte, aufzusehen und zwei leuchtende Sterne über dem Berg sah.

III.

»Bin ich verrückt, oder sind es alle anderen?«

Auf die Perspektive kommt es an!

Keine gute Hausfrau

Eine Frau beschwerte sich bei einer Freundin, die sie besuchte, dass ihre Nachbarin keine gute Hausfrau sei. »Du solltest sehen, wie schmutzig ihre Kinder sind – und ihr Haus. Es ist beinahe eine Schande, in der Nachbarschaft zu wohnen. Sieh dir bloß einmal die Wäsche an, die sie draußen auf die Leine gehängt hat. Man erkennt deutlich die schwarzen Streifen auf den Laken und den Handtüchern.«

Die Freundin ging zum Fenster und sagte: »Ich glaube, die Wäsche ist ganz sauber, meine Liebe. Die Streifen sind auf deinen Fensterscheiben.«

Glück

»Ich brauche dringend Hilfe – sonst werde ich verrückt. Meine Frau und ich leben mit Kindern und Schwiegereltern in einem einzigen Raum. Wir sind mit unseren Nerven am Ende, wir brüllen und an und schreien. Es ist die Hölle.«

»Versprichst du, alles zu tun, was ich dir sage?«, fragte der Meister ernst.

»Ich schwöre, ich werde alles tun.«

»Gut. Wie viele Haustiere hast du?«

»Eine Kuh, eine Ziege und sechs Küken.«

»Nimm sie alle zu dir ins Zimmer. Dann komm in einer Woche wieder.«

Der Schüler war entsetzt, aber er hatte versprochen zu gehorchen. Also nahm er die Tiere ins Haus. Eine Woche später kam er wieder, ein Bild des Jammers, und stöhnte:

»Ich bin ein nervöses Wrack. Der Schmutz! Der Gestank! Der Lärm! Wir sind alle am Rande des Wahnsinns.«

»Geh nach Hause«, sagte der Meister, »und bring die Tiere wieder nach draußen.«

Der Mann rannte den ganzen Heimweg. Und kam am nächsten Tag freudestrahlend zurück. »Wie schön ist das Leben! Die Tiere sind draußen. Die Wohnung ist ein Paradies – so ruhig und sauber und so viel Platz!«

Erfolg und Misserfolg

Der englische Dramatiker Oscar Wilde kam spät nachts in seinen Club, nachdem er der Premiere eines seiner Stücke beigewohnt hatte, das durchgefallen war. Hier fragte man ihn: »Wie ging es mit deinem Stück heute Abend, Oscar?«

Wilde antwortete: »Das Stück war ein großer Erfolg. Die Zuschauer waren ein Misserfolg.«

Die Perspektive ändern

Stellen Sie sich vor, Sie fühlen sich nicht wohl und sind schlechter Laune. Dabei werden Sie durch eine wunderbare Landschaft gefahren. Die Gegend ist herrlich, aber Sie sind nicht in der Stimmung, etwas aufzunehmen. Ein paar Tage später kommen Sie wieder an diesem Ort vorbei und rufen aus: »Nicht zu glauben! Wo war ich nur, dass ich das alles nicht gesehen habe?« – Alles wird schön, wenn Sie selbst sich ändern.

Oder Sie schauen durch regennasse Fensterscheiben auf Wälder und Berge, und alles sieht verschwommen und formlos aus. Am liebsten würden Sie hinausgehen und diese Bäume und Berge verändern. Doch warten Sie, untersuchen wir erst einmal Ihr Fenster. Wenn der Sturm sich legt und der Regen nachlässt und Sie durch das Fenster schauen, stellen Sie fest: »Alles sieht auf einmal anders aus.«

Wir sehen Menschen und Dinge nicht so, wie sie sind, sondern wie wir sind. Darum ist es auch zweierlei, wenn zwei Menschen etwas oder einen anderen Menschen betrachten. Wir sehen Dinge und Menschen nicht wie sie sind, sondern wie wir sind.

Erinnern Sie sich an das Wort aus der Bibel, dass alles gut wird für die, welche Gott lieben? Wenn Sie dann schließlich wach werden, versuchen Sie nicht, gute Dinge geschehen zu lassen; sie geschehen von selbst. Plötzlich erkennen Sie, dass alles, was Ihnen passiert, gut ist. Denken Sie an ein paar Leute aus Ihrem Bekanntenkreis, die Sie gerne ändern würden. Sie finden sie launisch, unüberlegt, unzuverlässig, hinterhältig, und wie auch immer diese Eigenschaften heißen mögen. Aber wenn Sie anders sind, werden auch jene anders sein. Das ist eine unfehlbare und wundersame Kur. Sobald Sie anders sind, werden jene anders werden. Dann werden Sie sie mit anderen Augen sehen. Wer Ihnen vorher erschreckend erschien, wird nun erschrocken erscheinen. Wer Ihnen vorher grob erschien, wird Ihnen nun erschrocken vorkommen.

Plötzlich hat niemand mehr die Macht, Sie zu verletzen. Niemand hat mehr die Macht, Druck auf Sie auszuüben. Die Leute sind so sehr damit beschäftigt, alle anderen anzuklagen, allen anderen die Schuld zu geben, dem Leben, der Gesellschaft, dem Nachbarn. So werden Sie sich nie verändern; Sie verharren in Ihrem Albtraum, Sie werden niemals wach.

Ein Nichts

Zwei Männer, ein Priester und ein Küster, gingen in eine Kirche, um zu beten. Der Priester begann sich an die Brust zu klopfen und rief hingerissen aus: »Ich bin der niedrigste Mensch, Herr, unwürdig deiner Gnade. Ich bin ein Niemand, ein Nichts – hab Erbarmen mit mir!«

Nicht weit vom Priester stand der Küster, der in einem Ausbruch von Inbrunst sich ebenfalls an die Brust schlug und ausrief: »Hab Erbarmen, Herr! ich bin ein Sünder, ein Nichts!«

Der Priester wandte sich hochmütig um. »Ha«, sagte er, »sieh mal an, das nennt sich ein Nichts.«

Über Gebete und Beter

Eine fromme alte Dame nach dem Krieg: »Gott meinte es sehr gut mit uns. Wir beteten unablässig, so fielen alle Bomben auf die andere Seite der Stadt.«

Die falsche Seite

Der Meister disputierte mit niemandem, wenn er merkte, dass sein Gegenüber nur eine Bestätigung seiner eigenen Auffassung suchte und nicht die Wahrheit.

Einmal führte er den Schülern den Wert eines Argumentes vor Augen:

»Fällt eine bestrichene Scheibe Brot mit der Butterseite nach unten oder nach oben?«

»Natürlich mit der Butterseite nach unten.«

»Nein, mit der Butterseite nach oben.«

»Probieren wir's doch aus!«

Also nahm er eine Scheibe Brot, bestrich sie mit Butter und warf sie hoch. Sie fiel – mit der Butterseite nach oben!

»Ich habe gewonnen!«

»Aber nur, weil ich einen Fehler gemacht habe.«

»Was für einen Fehler?«

»Ich habe offensichtlich die falsche Seite bestrichen.«

Diogenes

Der Philosoph Diogenes aß zum Abendbrot Linsen. Das sah der Philosoph Aristippos, der ein angenehmes Leben führte, indem er dem König schmeichelte.

Sagte Aristippos: »Wenn du lerntest, dem König gegenüber unterwürfig zu sein, müsstest du nicht von solchem Abfall wie Linsen leben.«

Sagte Diogenes: »Wenn du gelernt hättest, mit Linsen auszukommen, brauchtest du nicht dem König zu schmeicheln.«

Das Leben in der rechten Perspektive sehen

Der Arzt hatte dir in dieser Übung noch zwei Monate normales Leben vorausgesagt. Die sind vergangen, und du liegst krank im Bett ... Wo bist du? Betrachte deine Umgebung genau. Was für ein Leben führst du jetzt? Wie verbringst du den ganzen Tag?

Stell dir vor, es ist Abend, und du bist allein ... Du weißt nicht, wie viele Tage du noch leben wirst. Was empfindest du bei dem Gedanken, dass du nicht mehr lange zu leben hast? Dass du nie mehr arbeiten kannst?

In der Einsamkeit, in der du dich nun befindest, blicke auf dein Leben zurück. Erinnere dich an einige glückliche Augenblicke ...

Erinnere dich an einige traurige Augenblicke ... Was empfindest du jetzt, wenn du dich an traurige und schmerzliche Ereignisse erinnerst?

Erinnere dich an einige wichtige Entscheidungen, die du getroffen hast, Entscheidungen, die dein Leben oder das anderer Menschen wesentlich beeinflusst haben. Bereust du sie, oder freust du dich über sie? Hast du gewisse Entscheidungen, die du hättest treffen sollen, versäumt?

Denke etwa zehn Minuten an einige wichtige Menschen in deinem Leben ... Welche Gesichter steigen sogleich in deinen Gedanken auf? Was empfindest du, während du an jeden einzelnen denkst?

Hättest du die Möglichkeit, dein Leben noch einmal von vorn zu beginnen, würdest du das annehmen? Würdest du die Annahme von bestimmten Bedingungen abhängig machen?

Wenn du deinen Freunden nur einen Ratschlag, nur einen Satz zum Abschied sagen könntest, was würdest du sagen?

Wende dich nach einer Weile Christus zu. Stelle dir vor, er steht neben deinem Bett und du sprichst mit ihm …

Und noch eine Übung, die mit dem Sterben zusammenhängt:

Jesus wusste, dass er sterben würde, und er plante die letzten Stunden seines Lebens genau. Er verbrachte sie bewusst zuerst bei seinen Freunden, mit denen er eine Mahlzeit einnahm, und dann im Gebet mit seinem Vater, bevor er gefangen genommen wurde.

Wenn du die letzten Stunden deines Lebens planen könntest, wie wolltest du sie verbringen? Möchtest du allein oder in Gesellschaft sein? Wenn in Gesellschaft, dann mit welchen Menschen?

Beim letzten Abendmahl betete Jesus ein letztes Mal zum Vater. Welches abschließende Gebet würdest du gern sprechen?

Eine große positive Wirkung dieser Fantasie zum Thema Tod besteht nicht nur darin, dass man einen neuen Blick für den Wert des Lebens gewinnt, sondern auch ein Gefühl der Dringlichkeit. Ein orientalischer Dichter vergleicht den Tod mit einem Jäger, der im Gebüsch lauernd auf eine Ente zielt, die seelenruhig auf einem Teich schwimmt, ohne zu wissen, in welcher Gefahr sie schwebt. Mit solchen Fantasieübungen will ich dir keine Angst einflößen, sondern dir nur raten, dein Leben nicht zu vergeuden.

Sokrates auf dem Marktplatz

Als echter Philosoph, der er, war, glaubte Sokrates, ein weiser Mensch würde instinktiv ein einfaches Leben führen. Er selbst pflegte noch nicht einmal Schuhe zu tragen. Und doch fühlte er sich immer wieder vom Marktplatz angezogen und besuchte ihn oft, um die dort angebotenen Waren zu betrachten.

Als einer seiner Freunde ihn fragte, warum er das täte, sagte Sokrates: »Ich gehe gerne hin, um festzustellen, wie viele Dinge es gibt, ohne die ich fantastisch auskomme.«

Spiritualität bedeutet nicht, zu wissen, was man braucht, sondern einzusehen, was man nicht braucht.

Verbesserung

Ein junger Mann verschwendete all seinen ererbten Reichtum. Wie üblich in solchen Fällen, war mit seinem letzten Pfennig auch der letzte Freund verschwunden.

Als er sich nicht mehr zu helfen wusste, suchte er den Meister auf und sagte: »Was soll aus mir werden? Ich habe weder Geld noch Freunde.«

»Mach dir keine Sorgen, Sohn. Hör auf meine Worte: Alles wird wieder ins Reine kommen.«

In des jungen Mannes Augen schien Hoffnung auf. »Werde ich wieder reich werden?«

»Nein. Du wirst dich daran gewöhnen, arm und allein zu sein.«

Keine Probleme

Eine Religionsgemeinschaft pflegte ihre Veranstaltungen in einem Hotel abzuhalten, dessen Devise in großen Lettern an den Wänden der Empfangshalle stand: »Es gibt keine Probleme, nur Chancen.«

Ein Mann trat an die Rezeption und sagte: »Entschuldigung, ich habe ein Problem.«

Der Empfangschef erwiderte lächelnd: »Wir kennen keine Probleme, Sir, nur Chancen.«

»Nennen Sie es, wie Sie wollen«, sagte der Mann ungeduldig, »in dem mir zugewiesenen Zimmer ist eine Frau.«

Wirklichkeit?

Ich möchte noch etwas über unsere Wahrnehmung der Wirklichkeit sagen und werde dies in Form einer Analogie tun: Der Präsident der Vereinigten Staaten muss von den Bürgern eine Art Rückmeldung erhalten, ebenso wie der Papst in Rom von der ganzen Kirche. Es gibt buchstäblich Millionen Dinge, die man dem Präsidenten oder Papst vortragen könnte, doch wären beide kaum in der Lage, sie aufzunehmen, geschweige denn zu verarbeiten. Beide haben also Leute ihres Vertrauens, die für sie abstrahieren, zusammenfassen, beobachten, filtern; das Ergebnis davon bekommen sie auf den Schreibtisch.

Nicht anders verhält es sich mit uns selbst. Von allen Fasern, allen lebenden Zellen unseres Körpers und von allen unseren Sinnen bekommen wir Rückmeldungen aus der Realität. Doch wir filtern ständig etwas heraus. Aber was ist denn unser Filter? Unsere Kultur? Die Art, wie wir vorprogrammiert wurden? Die anerzogene Weise, die Dinge zu sehen und zu erfahren? Sogar unsere Sprache kann ein Filter sein. Manchmal wird so viel herausgefiltert, dass manche Dinge, die es gibt, gar nicht mehr gesehen werden. Betrachten Sie doch nur einen Menschen, der an Verfolgungswahn leidet und sich ständig von etwas bedroht fühlt, das es gar nicht gibt; der die Wirklichkeit dauernd aus der Sicht bestimmter Erfahrungen der Vergangenheit oder bestimmter Beeinflussungen interpretiert.

Doch noch ein anderer Dämon ist am Ausfiltern beteiligt. Er heißt An-etwas-Hängen, Begehren, Sehnsucht, Verlangen. Die Wurzel allen Kummers ist das Verlangen. Verlangen trübt und zerstört die Wahrnehmung. Ängste und Wünsche verfolgen uns. Samuel Johnson sagte: »Das Wissen, in einer Woche am Galgen zu hängen, lässt einen Menschen sich wunderbar konzentrieren.« Alles andere wird aus dem Gedächtnis gestrichen, das ganze Denken konzentriert sich auf die Angst, den Wunsch, das Verlangen.

Als wir jung waren, wurden wir auf vielerlei Weise abhängig gemacht. Wir wurden so erzogen, dass wir andere Leute brauchen. Wofür? Für Akzeptanz, Zustimmung, Wertschätzung, Applaus – für das, was man Erfolg nennt: alles Worte, die mit der Wirklichkeit nichts zu tun haben. Es handelt sich hierbei um Konventionen und Erfindungen, und wir merken nicht, dass sie sich nicht mit der Realität decken. Was ist Erfolg? Das, wovon eine Gruppe entschieden hat, dass es etwas Positives ist. Eine andere Gruppe würde vielleicht entscheiden, dass es etwas Schlechtes ist. Was in Washington positiv ist, kann in einem Kartäuserkloster negativ sein. Erfolg in einem politischen Bereich kann in einem anderen Zusammenhang Versagen darstellen.

Alles ist Konvention, wenngleich wir so tun, als sei es die Wirklichkeit. Als wir klein waren, wurden wir zum Unglücklichsein programmiert. Man brachte uns bei, zum Glück gehöre Geld, Erfolg, ein gut aussehender Partner oder eine Partnerin, ein guter Job, Freundschaft, Spiritualität, Gott – Sie sagen es. Solange Sie das alles nicht bekommen, werden Sie auch nicht glücklich sein, wurde uns gesagt. Genau das nenne ich »sein Herz an etwas hängen«. Dieses Verhaftetsein besteht in dem Glauben, dass man ohne etwas Bestimmtes nicht glücklich werden könne. Ist man erst einmal davon überzeugt – und das dringt tief in Ihr Unterbewusstsein ein, in die

Wurzeln Ihres Seins –, sind Sie erledigt. »Wie könnte ich glücklich sein, wo mir doch die Gesundheit zu schaffen macht?«, heißt es dann. Dazu kann ich Ihnen sagen: Ich habe Menschen kennengelernt, die Krebs hatten und glücklich waren. Wie konnten sie glücklich sein, wo sie doch wussten, dass sie bald sterben würden? Aber sie waren es.

»Wie könnte ich glücklich sein, wenn ich kein Geld habe?« Der eine hat eine Million Dollar auf seinem Konto und fühlt sich nicht sicher; der andere hat praktisch nichts, scheint sich aber durchaus nicht unsicher zu fühlen. Er wurde anders programmiert, das ist alles. Es ist müßig, den Ersteren zurechtzuweisen; was er braucht, ist Verständnis. Zurechtweisungen helfen nicht viel. Es kommt darauf an zu verstehen, dass Sie vorprogrammiert sind, dass Sie mit falschen Überzeugungen leben. Erkennen Sie sie als falsch, als ein Märchen.

Was tun denn die Menschen ihr ganzes Leben lang? Sie kämpfen ständig, kämpfen und kämpfen. Das nennen sie dann überleben. Wenn der Durchschnittsamerikaner sagt, er oder sie würde seinen oder ihren Lebensunterhalt verdienen, unterhalten sie nicht ihr Leben, o nein! Sie haben viel mehr als sie zum Leben brauchen. Kommen Sie nach Indien und überzeugen Sie sich davon. Man braucht nicht all die Autos, um leben zu können, genauso wenig wie einen Fernsehapparat. Man braucht nicht die vielen Kosmetika, um zu leben, und auch keinen vollen Kleiderschrank. Aber versuchen Sie einmal, einen Durchschnittsamerikaner davon zu überzeugen: Sie wurden so beeinflusst, programmiert. Sie arbeiten und mühen sich ab, das ersehnte Gut zu bekommen, das ihr Glück bedeutet.

Denken Sie über die folgende bedrückende Geschichte etwas nach – es ist Ihre Geschichte, meine Geschichte, die Geschichte aller: »Solange ich das nicht erreicht habe (Geld, Freundschaft, irgendetwas), bin ich nicht glücklich; ich werde alles tun, um es zu bekommen, und wenn ich so weit bin, werde ich alles tun, um es mir zu erhalten. Ich habe einen kurzen Nervenkitzel. Ich bin begeistert, dass ich es habe!« Aber wie lange hält es an? Ein paar Minuten, vielleicht ein paar Tage. Wenn Sie Ihr nagelneues Auto in Empfang nehmen, wie lange hält Ihre Begeisterung darüber an? Bis zum nächsten Wunsch, an den Sie Ihr Herz hängen!

In Wahrheit werde ich einen Nervenkitzel ziemlich schnell leid. Man sagte mir, Gebet sei das Höchste, Gott sei das Höchste, Freundschaft sei das Höchste. Wir wussten nicht, was Gebet, Gott oder Freundschaft wirklich war, haben aber viel Aufhebens darum gemacht. Doch schon bald langweilten wir uns damit. Gelangweiltsein vom Gebet, von Gott, von Freundschaft – ist das nicht tragisch? Und es gibt keinen Ausweg, einfach keinen Ausweg. Es ist das einzige Modell, das man uns gab, um glücklich zu sein. Ein anderes Modell gab es einfach nicht. Unsere Kultur, unsere Gesellschaft und bedauerlicherweise sogar unsere Religion boten uns kein anderes Modell.

Sie wurden zum Kardinal ernannt. Welch große Ehre! Ehre? Sagten Sie Ehre? Sie haben das falsche Wort gebraucht. Nun werden andere danach streben. Sie verfielen dem, was das Evangelium »die Welt« nennt; Sie werden Ihre Seele verlieren. Welt, Macht, Prestige, Gewinn, Erfolg, Ehre und so weiter existieren nicht wirklich. Sie gewinnen die Welt, aber verlieren Ihre Seele. Ihr ganzes

Leben wird leer und seelenlos. Da gibt es nichts, außer dem einen Ausweg, nämlich: seine Programmierung loszuwerden! Wie stellt man das an? Sie müssen sich Ihrer Programmierung bewusst werden. Durch Willensanstrengung ändert man sich nicht, ebenso wenig wie durch Ideale. Auch ändert man sich nicht dadurch, dass man neue Gewohnheiten annimmt. Dann mag sich zwar Ihr Verhalten ändern, Sie selbst aber ändern sich nicht. Sie ändern sich nur durch Bewusstmachen und Verstehen: Wenn Sie einen Stein als einen Stein ansehen, ein Stück Papier als ein Stück Papier, wenn Sie nicht mehr meinen, der Stein sei ein kostbarer Diamant und das Stück Papier ein Scheck über eine Million Dollar. Wenn Sie das erkennen, ändern Sie sich. Dann brauchen Sie keine Gewalt mehr, um sich selbst zu ändern. Andernfalls wäre das, was Sie ändern nennen, nichts anderes als einfaches Möbelrücken. Ihr Verhalten ist verändert, aber nicht Sie.

Wie man es ansieht

Der Gedanke, dass alles in der Welt vollkommen ist, überstieg das Maß dessen, womit die Schüler einverstanden sein konnten. So fasste es der Meister in Begriffe, die ihrem Verständnis besser entsprachen. »Gott webt vollkommene Muster mit den Fäden unseres Lebens«, sagte er, »sogar mit unseren Sünden. Der Grund, warum wir dies nicht erkennen, liegt darin, dass wir die Rückseite des Teppichs betrachten.«

Und noch prägnanter: »Was manche Leute für einen glänzenden Stein halten, erkennt der Juwelier als einen Diamanten.«

Löwenzahn

Ein Mann, der sehr stolz auf seinen Rasen war, stand plötzlich vor einer mit Löwenzahn übersäten Wiese. Er versuchte alles nur Denkbare, um den Löwenzahn wieder loszuwerden, aber der kam immer wieder.

Schließlich schrieb er an das Landwirtschaftsministerium. Er zählte auf, was er alles versucht hatte, und schloss mit der Frage: »Was soll ich jetzt tun?«

Zu gegebener Zeit kam die Antwort: »Wie wär's, wenn Sie versuchten, ihn schön zu finden und den Löwenzahn zu lieben?«

Vorsehung in Rettungsbooten

Ein Priester saß an seinem Schreibtisch am Fenster und bereitete eine Predigt über die Vorsehung vor, als er plötzlich eine Explosion zu hören glaubte. Bald sah er auch Menschen in Panik hin und her laufen und erfuhr, dass ein Damm gebrochen war, der Fluss Hochwasser führte, und die Bevölkerung evakuiert wurde.

Der Priester sah, wie das Wasser auf der Straße stieg. Es fiel ihm schwer, aufsteigende Panik zu unterdrücken, aber er sagte sich: »Ausgerechnet jetzt arbeite ich an einer Predigt über die Vorsehung, da erhalte ich Gelegenheit zu praktizieren, was ich predige. Ich werde nicht fliehen. Ich werde hier bleiben und auf Gottes Vorsehung, mich zu retten, vertrauen.«

Als das Wasser bis zu seinem Fenster stand, fuhr ein Boot vorbei, und die Menschen darin riefen ihm zu: »Steigen Sie ein, Herr Pfarrer.«

»O nein, Kinder«, sagte der Priester zuversichtlich, »ich vertraue auf die Vorsehung. Gott wird mich retten.«

Er kletterte jedoch auf das Dach, und als das Wasser auch bis dorthin stieg, kam ein weiteres Boot voller Menschen vorbei, und sie drängten den Pfarrer, einzusteigen. Wiederum lehnte er ab.

Dieses Mal stieg er bis in die Glockenstube. Als ihm das Wasser bis zu den Knien reichte, schickte man einen Polizeioffizier mit einem Motorboot, um ihn zu retten. »Nein, danke, Herr Offizier«, sagte der Priester ruhig lächelnd. »Sehen Sie, ich vertraue auf Gott. Er wird mich nicht im Stich lassen.«

Als der Pfarrer ertrunken und zum Himmel aufgestiegen war, beklagte er sich sofort bei Gott. »Ich habe dir vertraut! Warum tatest du nichts, um mich zu retten?«

»Nun ja«, erwiderte Gott, »immerhin habe ich drei Boote geschickt.«

Der invalide Fuchs

Eine Fabel des arabischen Mystikers Sa'di: Unterwegs im Wald sah ein Mann einen Fuchs, der seine Beine verloren hatte. Er wunderte sich, wie das Tier wohl überleben konnte. Dann sah er einen Tiger mit einem gerissenen Wild. Der Tiger hatte sich satt gefressen und überließ dem Fuchs den Rest.

Am nächsten Tag ernährte Gott den Fuchs wiederum mit Hilfe des gleichen Tigers. Der Mann war erstaunt über Gottes große Güte und sagte zu sich: »Auch ich werde mich in einer Ecke ausruhen und dem Herrn voll vertrauen, und er wird mich mit allem Nötigen versorgen.«

Viele Tage brachte er so zu, aber nichts geschah, und der arme Kerl war dem Tode nahe, als er eine Stimme hörte: »Du da, auf dem falschen Weg, öffne die Augen vor der Wahrheit! Folge dem Beispiel des Tigers, und nimm dir nicht länger den behinderten Fuchs zum Vorbild.«

Erwartungen

Der heilige Johannes vom Kreuz sagt, jemand erhalte so viel von Gott, wie er von ihm erwarte. Wenn Sie nur wenig erwarten, werden Sie gewöhnlich auch nur wenig erhalten. Wenn Sie viel erwarten, werden Sie viel erhalten. Brauchen Sie in Ihrem Leben ein Wunder der Gnade? Dann müssen Sie fest damit rechnen, dass ein Wunder geschieht. Wie viele Wunder haben Sie schon ganz persönlich erlebt? Keine? Das liegt nur daran, dass Sie keine erwartet haben. Gott lässt Sie nie im Stich, wenn Sie große Hoffnungen auf ihn setzen; vielleicht lässt er Sie warten, vielleicht kommt er aber auch sofort; oder er kommt plötzlich und unverhofft wie – um mit Jesus zu sprechen – »ein Dieb in der Nacht«. Aber kommen wird er sicher, wenn Sie damit rechnen, dass er kommt.

Man hat zu Recht gesagt, die Sünde gegen den Heiligen Geist bestehe darin, nicht mehr daran zu glauben, dass er die Welt verändern kann, nicht mehr daran zu glauben, dass er mich verändern kann. Hier haben wir es mit einem gefährlicheren Atheistentyp zu tun als bei dem Mann, der sagt: »Es gibt keinen Gott«, denn während er sich einredet, er glaube an Gott, hat er sich von einem praktischen Atheismus blenden lassen, den er kaum wahrnimmt. Er sagt: »Gott kann mich nicht mehr ändern. Er hat weder den Willen noch die Macht, mich umzuwandeln, mich von den Toten zu erwecken. Das weiß ich, ich habe nämlich alles versucht. Ich habe so oft Exerzitien gemacht, mit solcher Inbrunst gebetet, so viel guten Willen gehabt – aber nichts ist geschehen, genau nichts.«

Der Gott dieses Menschen ist, im Grunde genommen, ein toter Gott – nicht der Gott, der uns durch die Auferweckung Jesu von den Toten gezeigt hat, dass ihm nichts unmöglich ist. Oder, um mit dem schönen Pauluswort über Abraham aus dem Römerbrief (Kap. 4) zu sprechen, der Gott, dem Abraham geglaubt hat, »der Gott, der die Toten lebendig macht und das, was nicht ist, ins Dasein ruft, als ob es schon da wäre. Als alle Hoffnung aussichtslos zu sein schien, war sein, Abrahams, Glaube so, dass er der ›Vater vieler Völker‹ geworden ist nach dem Wort, das an ihn ergangen ist: ›So zahlreich sollen deine Nachkommen sein.‹ Ohne im Glauben schwach zu werden, hat er bedacht, dass sein eigener Leib so gut wie tot war, denn er war etwa hundert Jahre alt, und dass Saras Mutterschoß erstorben war. Und er zweifelte nie an der Verheißung Gottes, sondern stark im Glauben, erwies er Gott die Ehre, fest davon überzeugt, dass Gott die Macht besitzt zu tun, was er verheißen hat.«

Der Hund, der auf dem Wasser lief

Ein Mann nahm seinen neuen Hund mit auf die Jagd, um ihn zu testen. Er schoss eine Ente, die in den See fiel. Der Hund lief über das Wasser und brachte sie seinem Herrn.

Der Mann war entgeistert. Er schoss eine weitere Ente. Und während er sich ungläubig die Augen rieb, lief der Hund wieder über das Wasser und apportierte die Ente.

Er konnte kaum glauben, was er gesehen hatte, und bat daher am folgenden Tag seinen Nachbarn, ihn auf die Jagd zu begleiten. Und wiederum lief der Hund jedes Mal, wenn er oder der Nachbar einen Vogel schoss, über das Wasser und holte das Tier. Der Mann sagte nichts, der Nachbar schwieg ebenfalls. Schließlich konnte er aber nicht mehr länger an sich halten und platzte heraus: »Ist Ihnen an dem Hund etwas Seltsames aufgefallen?«

Nachdenklich rieb sich der Nachbar das Kinn. »Ja«, sagte er schließlich, »wenn ich es mir richtig überlege, tatsächlich! Der verdammte Kerl kann nicht schwimmen.«

Das Leben ist tatsächlich voller Wunder. Mehr noch: Es ist wunderbar, und jeder, der es nicht länger als selbstverständlich hinnimmt, wird das sofort bestätigen.

Entfaltung

Einem Schüler, der seine Grenzen beklagte, sagte der Meister: »Du hast in der Tat deine Grenzen. Aber hast du bemerkt, dass du heute Dinge tun kannst, die du vor fünfzehn Jahren für unmöglich gehalten hättest? Was hat sich geändert?«

»Meine Begabungen haben sich geändert.«

»Nein, du hast dich geändert.«

»Ist das nicht dasselbe?«

»Nein. Du bist das, wofür du dich hältst. Als sich dein Denken änderte, hast du dich geändert.«

Mit Liebe betrachtet

Ein indianischer Späher fand auf einem Berggipfel ein Adlerei. Er nahm es mit und legte es in das Nest einer gewöhnlichen Henne, die es ausbrüten sollte. Als es an der Zeit war, schlüpfte das Adlerküken mit den anderen Küken aus, denn es hatte ja mit ihnen im selben Nest gelegen. Im Kreise der Hühnerküken wuchs das kleine Adlerchen auf. Und bald lernte es, wie sie zu gackern, in der Erde zu scharren, nach Würmern und Insekten zu suchen. Ab und zu hob es seine Flügel und flatterte auf einen der unteren Äste der Bäume, ganz wie die anderen Hühner. Es lebte in dem Bewusstsein, ein Huhn zu sein. Jahre vergingen, und der Adler wurde alt und grau. Eines Tages blickte er zum Himmel empor und sah etwas Wunderbares. Hoch oben, im unendlichen Blau, schwebte ein herrlicher Vogel, fast ohne mit seinen mächtigen Flügeln zu schlagen. Voll Ehrfurcht blickte der alte Adler dem

Vogel nach und wandte sich beeindruckt an das nächste Huhn:

»Was ist denn das für ein Vogel?«

Das Huhn schaute nach oben und erwiderte: »Oh, das ist der Goldadler, der König der Lüfte. Aber verschwende keinen Gedanken mehr an ihn. Du und ich sind von anderer Art, wir gehören hier auf die Erde.«

Also schaute der Adler nie mehr nach oben und starb schließlich in dem Glauben, ein Huhn im Hof zu sein. So war er immer von allen behandelt worden, so war er aufgewachsen, so hatte er gelebt, und so starb er.

Wissen Sie, was Liebe als Akt der Schöpfung bedeutet? Den Adler zu sehen, und sich bewusst sein, was er wirklich ist, damit er die Schwingen entfalten und sich wie der Goldadler in die Lüfte erheben kann. Es bedeutet, den Adler im Adler zu erschaffen.

Ein bekannter amerikanischer Psychologe unternahm einmal einen bemerkenswerten Versuch. Wissen Sie, was er tat? Er führte mit allen Kindern eines Gymnasiums gegen Ende des Schuljahres einen Intelligenztest durch. Das Psychologenteam wählte zehn, zwölf Schüler aus und sagte den Lehrern:

»Diese Schüler sind in Ihrer Klasse. Aus den Tests ersehen wir, dass es sich um sogenannte Hochbegabte handelt. Sie werden sehen, dass diese Schüler im nächsten Schuljahr die besten Noten erzielen werden. Sie müssen uns aber versprechen, nichts der Klasse davon zu sagen, denn das kann den anderen schaden.«

Die Lehrer versprachen zu schweigen. In Wirklichkeit aber gab es in der Klasse kein einziges hochbegabtes Kind. Der Versuch bestand lediglich darin, zehn beliebige Schüler auszuwählen und den Lehrern zu nennen.

Als das Schuljahr vorüber war, erschienen wieder die Psychologen und testeten die Schüler ein zweites Mal. Und was meinen Sie, was passierte? Alle »Hochbegabten« hatten einen Intelligenzquotienten, der mindestens zehn Prozent höher war als vorher; manche sogar einen um 36 Prozent höheren. Die Psychologen sprachen mit den Lehrern und fragten: »Was halten Sie von diesen Kindern?«

Und die Lehrer schwelgten in Urteilen wie: intelligent, dynamisch, lebendig, interessiert, usw.

Was wäre mit den Kindern geschehen, wenn ihre Lehrer nicht der Meinung gewesen wären, sie hätten Hochbegabte in der Klasse? Die Lehrer waren es, die in den Schülern die in ihnen schlummernden Anlagen förderten. (...)

Als ich zum ersten Mal von diesem Versuch hörte, fiel mir wieder der als Gründer der »Stadt der Kinder« bekannt gewordene irische Pater Flanagan ein. Der Mann wurde eine Legende, die man sich sogar bis nach Indien erzählte. Zuerst gründete er diese Stadt, um Straßenkindern zu helfen, später um Straffälliggewordenen Halt zu geben. Wenn die Polizei mit ihnen nicht mehr weiter wusste, nahm Pater Flanagan sie mit nach Hause. Man erzählt sich, dass er nie mit den Kindern sprach. Ich erinnere mich an eine Geschichte über ihn, die mich sehr beeindruckt hat:

Ein Achtjähriger hatte Vater und Mutter getötet. Können Sie sich vorstellen, was mit diesem Jungen geschehen sein muss, um in diesem Alter eine solche Grausamkeit zu entwickeln? Der Junge wurde mehrmals bei einem Banküberfall festgenommen. Die Polizei war mit ihrem Latein am Ende: Als Minderjährigen konnten sie ihn weder vor Gericht stellen, noch einsperren und auch in kein Heim stecken. Dafür hätte er mindestens zwölf Jahre alt sein müssen. Schließlich wandten sie sich an Pater Flanagan: »Nehmen Sie diesen Jungen?«

Und der Pater erwiderte: »Natürlich, schicken Sie ihn mir nur her!«

Viele Jahre später schrieb der Junge seine Geschichte: »Ich erinnere mich an den Tag, als ich mit dem Zug in Begleitung eines Polizisten zur ›Stadt der Kinder‹ fuhr und mir dachte: ›Jetzt schicken sie mich also zu einem Pater. Wenn dieser Mensch mir sagt, dass er mich liebt, bringe ich ihn um.‹«

Und der Junge war tatsächlich ein Mörder! Was geschah? Er kam in die »Stadt der Kinder«, und die Geschichte nahm folgenden Verlauf:

Er klopfte an die Tür, und Pater Flanagan rief: »Herein!« Der Junge trat ein, und der Pater fragte ihn: »Wie heißt du?«

»Dave, Herr Pater.«

»Dave! Willkommen in der Stadt der Kinder. Wir haben dich schon erwartet. Jetzt bist du da und willst dich bestimmt ein bisschen umsehen. Weißt du, dass hier alle arbeiten, um zu leben? Du bekommst schon noch alles hier gezeigt. Vielleicht findest du eine passende Beschäftigung, aber erhole dich zuerst einmal. Schau dir erst einmal alles an. Du kannst jetzt gehen. Wir sehen uns später.«

Der Junge erzählte, dass diese wenigen Sekunden sein Leben veränderten. Wissen Sie, wieso?

»Zum ersten Mal in meinem Leben sah ich einen Menschen, der, ohne es in Worten auszudrücken, nicht sagte, dass er mich liebte, sondern: Du bist gut, du bist nicht schlecht, du bist gut!«

Und der Junge wurde gut. Wie uns die Psychologen sagen, ist man so, wie man meint, dass man sei. Können Sie sich etwas Geisterfüllteres oder Göttlicheres vorstellen als das? Dass man das Gute in jemand sieht, ihm dies zu verstehen gibt, und er sich dadurch ändert. Er wird neu erschaffen. »Wer liebt, erschafft die Liebe.« Man sieht die Schönheit, und indem man sie sieht, kommt sie zum Vorschein.

Pater Flanagan wurde immer wieder nach dem Grund seines Erfolges gefragt. Er antwortete nie auf diese Frage, denn das Prinzip, dem er folgte, war: »So etwas wie böse Kinder gibt es nicht.« Pater Flanagan sah das Gute und ließ das Gute in jedem Kind, das er bei sich aufnahm, gedeihen und blühen. Er erschuf das Gute.

Gelegenheit macht Diebe

Ein reicher Muslim ging nach einem Fest in die Moschee, zog seine teuren Schuhe aus und ließ sie vor der Tür stehen. Als er nach dem Gebet wiederkam, waren die Schuhe weg.

»Wie gedankenlos von mir«, sagte er sich vorwurfsvoll. »Indem ich dummerweise die Schuhe draußen stehen ließ, habe ich jemand dazu verführt, sie zu stehlen. Ich hätte sie ihm gerne geschenkt. Nun bin ich schuld, dass er zum Dieb wurde.«

Bäume pflanzen

Die Zeit der Monsunregen stand bevor, und ein sehr alter Mann grub in seinem Garten tiefe Löcher.

»Was tut Ihr?«, fragte ein Nachbar.

»Ich pflanze Mango-Bäume«, lautete die Antwort.

»Wollt Ihr etwa noch Früchte von diesen Bäumen essen?«

»Nein, so lange werde ich nicht mehr leben. Aber andere werden da sein. Mir fiel neulich ein, dass ich mein Leben lang Mangos gegessen habe, die von anderen Leuten gepflanzt wurden. Auf diese Weise möchte ich ihnen meine Dankbarkeit zeigen.«

Unglück

»Unglück kann Reifung und Erleuchtung bewirken«, sagte der Meister.

Und er erklärte das so:

»Ein Vogel suchte jeden Tag Schutz in den dürren Zweigen eines Baumes mitten auf einer weiten, verlassenen Ebene. Eines Tages wurde der Baum von einem Sturm entwurzelt, sodass der arme Vogel gezwungen war, Hunderte von Meilen zu fliegen, um Unterschlupf zu finden, bis er schließlich zu einem Wald früchteschwerer Bäume kam.«

Und er schloss: »Wäre der verdorrte Baum stehen geblieben, hätte den Vogel nichts bewogen, seine Sicherheit aufzugeben und loszufliegen.«

Ein Blick in seine Augen

Der Befehlshaber der Besatzungstruppen sagte zu dem Bürgermeister des Bergdorfes: »Wir sind sicher, dass Ihr einen Verräter in Eurem Dorf versteckt. Wenn Ihr ihn uns nicht übergebt, werden wir Euch und die Dorfbewohner in Angst und Schrecken versetzen.«

In der Tat versteckte sich ein Mann in dem Dorf, der gut und aufrichtig schien und von allen geliebt wurde. Aber was konnte der Bürgermeister tun, wenn das Wohlergehen des ganzen Dorfes auf dem Spiel stand? Tagelange Beratungen im Dorfrat führten zu keinem Entschluss. Also beriet der Bürgermeister die Angelegenheit schließlich mit dem Dorfgeistlichen. Der Priester und der Bürgermeister suchten eine ganze Nacht in der Schrift und stießen zuletzt auf eine Lösung. Ein Text lautete: »Es ist besser, einer stirbt und das Volk wird gerettet.«

Also übergab der Bürgermeister den unschuldigen Mann den Besatzungstruppen und bat ihn deswegen um Vergebung. Der Mann sagte, es sei nichts zu vergeben. Er würde das Dorf nicht in Gefahr bringen wollen. Er wurde grausam gefoltert, bis seine Schreie im ganzen Dorf zu hören waren, und schließlich wurde er getötet.

Zwanzig Jahre später kam ein Prophet durch jenes Dorf, ging direkt zu dem Bürgermeister und sagte: »Was habt Ihr getan? Dieser Mann war von Gott ausersehen, der Retter dieses Landes zu werden. Und Ihr habt ihn ausgeliefert, sodass er gefoltert und getötet wurde.«

»Was konnte ich tun?«, wandte der Bürgermeister ein. »Der Priester und ich sahen in der Schrift nach und handelten entsprechend.«

»Das war Euer Fehler«, sagte der Prophet, »Ihr saht in die Schrift. Ihr hättet auch in seine Augen sehen sollen.«

Ein schöner Tag

Als der Meister mit einer Gruppe von Lehrern zusammentraf, unterhielt er sich lange und angeregt mit ihnen, denn er war selbst einmal Lehrer gewesen. »Das Schlimme bei den Lehrern ist«, sagte er, »dass sie immer wieder vergessen, was das Ziel der Erziehung ist, nämlich nicht das Lernen, sondern das Leben.«

Und er erzählte, wie er einmal einen Jungen, der eigentlich in der Schule sein sollte, beim Fischen erwischte.

»Hallo, ein schöner Tag zum Fischen!«, sagte er zu dem Kerl.

»Ja«, kam es kurz und bündig zurück.

Nach einer Weile fragte der Meister: »Warum bist du heute nicht in der Schule?«

»Nun, wie Sie ja eben selbst gesagt haben – es ist ein schöner Tag zum Fischen.«

Dann erzählte der Meister vom Schulzeugnis seiner kleinen Tochter, in dem als Bemerkung stand: »Meena ist eine gute Schülerin. Sie könnte noch bessere Noten erreichen, wenn ihre pure Lebensfreude nicht ihren Lernerfolg behindern würde.«

Wie man Tag und Nacht unterscheidet

Ein Guru fragte seine Schüler, wie sie das Ende der Nacht vom Beginn des Tages unterscheiden könnten. Einer sagte: »Wenn man in der Entfernung ein Tier sieht und erkennt, ob es eine Kuh oder ein Pferd ist.«

»Nein«, sagte der Guru.

»Wenn man in der Entfernung einen Baum sieht und erkennt, ob es ein Paternosterbaum oder ein Mango ist.«

»Wieder falsch«, sagte der Guru.

»Also, wie dann?«, fragten die Schüler.

»Wenn man in das Gesicht eines Mannes blickt, und darin seinen Bruder erkennt; wenn man in das Gesicht einer Frau blickt und in ihr seine Schwester erkennt. Wer dazu nicht fähig ist, für den ist – wo immer die Sonne auch stehen mag – Nacht.«

Der »Filter« in unserem Kopf

Würden wir glauben, unsere Sinne seien reine Empfangsorgane, stünden wir bald vor einem Problem, denn die Sinne sind außerordentlich selektiv. Auch unser Bewusstsein ist so, denn wir sehen nicht die Wirklichkeit, können sie gar nicht sehen. Wir sehen nur ihr Spiegelbild, und dies nach einer Vorauswahl im Kopf. So sehe ich zum Beispiel nicht Sie, sondern nur die Vorstellung, die ich von Ihnen habe. Das ist der Grund, weswegen man zwei Bilder sieht. Ich sehe in Ihnen etwas, was ein anderer nicht sieht, und umgekehrt. Mit anderen Worten: Damit ich Sie sehen kann, muss ich Sie meinem Verstand gegenüberstellen, seinem selektiven Teil, und mir klarmachen: Wie viel Wirklichkeit liegt dem Bild zu Grunde? Genauso viel wie in Ihrem Kopf vorhanden ist. Und das ist Wirklichkeit?

Was im Kopf haften bleibt, wird ständig gefiltert. Dabei wirken viele Faktoren mit: Ängste, Wünsche, Beziehungen, Überzeugungen, Gewohnheiten und Beeinflussungen. Sie wählen aus, was wir mit unseren Sinnen wahrnehmen. Ich habe keine wirklichen Empfindungen, sondern reagiere auf die Bilder, die meinem Denken zugrunde liegen. So kann ich jemanden betrachten, in ihm einen Amerikaner sehen und dabei ein gutes Gefühl haben; jeder andere könnte bei seinem Anblick genau entgegengesetzte Gefühle entwickeln. Sieht man einen Menschen oder ein Abbild von ihm? Die Reaktion der Mitmenschen verrät, ob sie auf einen Impuls des Hier und Jetzt reagieren oder auf ein vorgefertigtes Bild.

Wenn Sie etwas Bestimmtes anstreben, fällt Ihnen vieles auf, was andere nicht sehen. Eine Mutter kann beim größten Lärm ruhig schlafen und wacht beim leisesten Seufzer ihres Babys auf. Wieso? Ihre Sinne filtern die anderen Geräusche aus. Etwas geht in unserem Innern vor. Da ist ein Sensor, der auf das anspricht, was wir erleben. Dieses Wahrnehmen hängt davon ab, welche Einflüsse uns in der Vergangenheit geprägt haben.

Ist jemand davon überzeugt, weniger wert zu sein, wird er ständig Dinge wahrnehmen, die ihn in dieser Überzeugung stärken. Wir bestätigen uns immer in unseren Überzeugungen. Wenn ich der Meinung bin, die Amerikaner hätten eine bestimmte Eigenschaft, werde ich bei ihnen das wahrnehmen, was meine Überzeugung bestätigt.

Wir leben also mit den Ergebnissen von vielerlei Auswahlvorgängen, Filtern und Subjektivismen. Was existiert denn tatsächlich in unseren Köpfen? Wir fügen den Bildern unsere Gedankengebilde und Werturteile hinzu: »Das ist gut, jenes schlecht, dieses ist richtig, jenes falsch.« In Wirklichkeit gibt es kein gut oder schlecht, weder bei Menschen noch in der Natur. Es gibt lediglich ein geistiges Werturteil, das der einen oder anderen Wirklichkeit auferlegt wird.

Solche Werturteile können sein: Welche Mannschaft ist gut, welche besser, was ist ein guter Sieg, was ein schlechter? In Wirklichkeit gibt es nur ein Spiel und die, die darin mitspielen. Es gibt nur einen Ball, der geworfen, getreten oder geschlagen wird. Ball und Spieler bewegen sich hin und her. Diesen Vorgängen fügt man seine eigenen Einschätzungen hinzu. Sie beugen sich öfter einer Uniform oder einem Begriff als der tatsächlichen Wirklichkeit. Sie spenden häufiger den Einflüssen Beifall, die Sie geprägt haben, als der Wirklichkeit, die Sie beobachtet haben. Haben Sie das nötig?

Schließlich landet man in der üblichen Verwirrung, weil man um die Dinge wie töricht herumrennt und nicht weiß, wer man ist. Man fügt der Wirklichkeit weiterhin seine Filter, Einschätzungen und Wünsche hinzu, mischt das Gute und das Böse unter die Wirklichkeit, als blase man einen Ballon auf. Man behauptet, etwas sei wünschenswert, nicht wünschenswert, richtig oder falsch. Doch die Dinge sind, wie sie sind, ob wir sie verstehen oder nicht.

Was ist Bewusstheit? Die Fähigkeit zu beobachten, wie wir die Wirklichkeit filtern, und nicht nur das Bild sehen, das wir uns von ihr gemacht haben. Das Erste, dessen wir uns bewusst werden müssen, ist:

1. Wissen, dass der Filter existiert;
2. Wissen, dass man auf das Bild in seinem Kopf reagiert und nicht auf die Wirklichkeit;
3. Verstehen, dass alles, was diesen Filter bildet, vorübergeht, sich ständig verändert und bewegt. Sie tun nur so, als sei der Filter von Dauer und unveränderlich. Doch er verändert sich permanent. Alles fließt, bewegt sich, lebt;
4. Verstehen, dass alles, was in Ihrem Verstand, Ihrem Filter, existiert, unangemessen und unbefriedigend ist, weil es vergänglich ist;
5. Verstehen, dass alles, was in Ihrem Filter, Ihrem Kopf, existiert, nicht Sie sind, sondern ein Vakuum Ihres Egos ist, dass es dort nur selbsterdachte Projektionen gibt.

Das Ich hat den Begriff des »Ego«, des eigenen Selbst, erfunden. Wenn ich mir die Welt anschaue, projiziere ich in meiner Dummheit mein eigenes Selbst auf Gebäude, auf Schreibmaschinen, Städte, auf die Wirklichkeit. Geben Sie mir irgendeine Wirklichkeit, und ich bin gleich dabei, etwas von meinem »Ego« darüberzustülpen. Dieses eigene Selbst gibt es aber nur in meinem Kopf, denn würde ich heute Nacht sterben, würde sich kein einziges dieser Gebäude verändern. Die Dinge sind, was sie sind. Es sind nicht meine, deine oder seine. Das alles ist nur Konvention.

Rein oder raus

Zwei Lieferwagen standen mit den Ladeflächen gegeneinander, und ein Fahrer mühte sich ab, eine große Kiste von einem Wagen zum anderen zu befördern.

Ein Passant, der seine verzweifelten Anstrengungen sah, bot seine Hilfe an. Die beiden keuchten und schnauften über eine halbe Stunde und mühten sich ab, ohne Erfolg.

»Ich fürchte, es hat keinen Zweck«, keuchte der freiwillige Helfer. »Wir werden die Kiste nie aus diesem Wagen herausbekommen.«

»Raus?«, schrie der Fahrer, »großer Gott, ich will sie nicht heraus haben, sondern hinein.«

Klarheit

»Schaut euch nicht suchend um nach Gott«, sagte der Meister. »Schaut einfach – und alles wird sich zeigen.«

»Aber wie soll man schauen?«

»Jedes Mal, wenn du etwas ansiehst, sieh nur das, was da ist und nichts sonst.«

Die Schüler waren verwundert, also sagte der Meister es einfacher: »Wenn ihr zum Beispiel den Mond betrachtet, seht nur den Mond und nichts sonst.«

»Was könnte man denn noch sehen außer dem Mond, wenn man den Mond betrachtet?«

»Jemand, der Hunger hat, könnte einen Käselaib sehen, ein Liebender das Gesicht seiner Geliebten.«

Das ist zu heilen

Die Frau war stark erkältet und keines der Mittel, die der Arzt verschrieb, schien ihr Erleichterung zu bringen.

»Können Sie mir denn gar nicht helfen, Herr Doktor?«, fragte sie frustriert.

»Ich mache Ihnen einen Vorschlag«, sagte der Arzt. »Gehen Sie nach Hause, nehmen Sie eine heiße Dusche, und stellen Sie sich dann, ehe Sie sich abtrocknen, splitternackt in die Zugluft.«

»Und das soll mir helfen?«, fragte sie erstaunt.

»Nein, aber Sie werden davon eine Lungenentzündung bekommen, und die kann ich heilen.«

Der Hippie mit einem Schuh

Ein Mann stieg in einen Bus und kam neben einem jungen Mann zu sitzen, der offensichtlich ein Hippie war. Er hatte nur einen Schuh an.

»Du hast wohl einen Schuh verloren, mein Junge.«

»Nein, guter Mann«, lautete die Antwort, »ich habe einen gefunden.«

Wenn mir etwas klar ist, braucht es nicht unbedingt wahr zu sein.

Anhänglichkeit

Anhänglichkeit verzerrt unsere Wahrnehmung – ein Thema, dem sich der Meister in seinen Vorträgen immer wieder widmete. Eines Tages erhielten die Schüler darüber einen einleuchtenden Anschauungsunterricht, als sie zuhörten, wie der Meister eine Mutter fragte:

»Wie geht es deiner Tochter?«

»Ach, meine liebe Tochter! Sie hat wirklich Glück! Ihr Mann ist wunderbar. Er hat ihr ein Auto geschenkt, jeden Schmuck, den sie sich wünscht, auch mehrere Dienstmädchen angestellt. Er bringt ihr das Frühstück ans Bett, und sie steht nicht vor Mittag auf. Ein wirklicher Prinz von einem Mann!«

»Und wie geht's deinem Sohn?«

»Der arme Junge! Was für eine Plage von Frau hat er geheiratet. Er hat ihr ein großes Auto gekauft, jeden Schmuck, den sie sich wünscht, und obendrein ein Heer von Dienstmädchen angestellt. Und sie weiß nichts anderes zu tun, als bis Mittag im Bett zu liegen. Nicht einmal das Frühstück richtet sie ihm!«

Ernsthaft erkrankt

Der Meister legte seinen Schülern dar, dass Erleuchtung dann eintritt, wenn sie das nicht-deutende Sehen erlangt hätten.

Die Schüler wollten nun wissen, was deutendes Sehen sei. Der Meister erklärte es ihnen so:

Ein paar katholische Straßenarbeiter waren an einer Baustelle nicht weit weg von einem Bordell beschäftigt, als sie einen Rabbi in dem nicht gerade angesehenen Haus verschwinden sahen.

»Na ja, was kann man schon erwarten?«, tuschelten sie einander zu.

Nach einer Weile schlüpfte ein Pastor durch die Tür. Nichts Überraschendes. »Was kann man schon erwarten?«

Daraufhin kam der katholische Pfarrer, der sein Gesicht mit dem Mantel bedeckte, bevor er in dem Haus verschwand. »Ist das nicht schrecklich? Eines dieser Mädchen muss ernsthaft erkrankt sein.«

Wessen Geschmack

Als jemand darauf beharrte, dass es nur eine absolut richtige Antwort auf eine moralische Frage geben könne, sagte der Meister:

»Wenn Leute an einem nassen Ort schlafen, bekommen sie Rheuma, was freilich nicht für Fische gilt.

Auf einem Ast leben kann gefährlich sein und anstrengend, was freilich nicht für Affen gilt.

Wer also von ihnen – Fisch, Affe und Mensch – hat den richtigen Aufenthaltsort – absolut gesehen?

Menschliche Wesen essen Fleisch, Büffel fressen Gras und Bäume ernähren sich aus dem Boden. Wessen Geschmack von diesen dreien ist der richtige – absolut gesehen?«

Sie passen nicht

Der Meister erzählte einmal von einer Frau, die ihren Zahnarzt zum dritten Mal bat, er möge ihr das Gebiss abschleifen, weil »es nicht passt«.

»Wenn ich das mache, was Sie wollen, fürchte ich, passen die Zähne nicht in Ihren Mund«, gab der Zahnarzt zu bedenken.

»Wer sagt denn etwas von meinem Mund?«, erwiderte die Frau gereizt. »Die Zähne passen nicht in das Glas.«

Und der Meister schloss: »Deine Überzeugungen mögen deinem Denken entsprechen, aber stimmen sie auch mit den Tatsachen überein?«

Nicht ärgern

Euch, die ihr mir zuhört,
sage ich: Liebt eure Feinde;
tut denen Gutes, die euch hassen.
LUKAS 6,27

Sind Sie verliebt, sehen Sie alles mit neuen Augen: Sie sind großzügig, nachsichtig, gütig, wo Sie zuvor hart und gemein gewesen sein mögen. Zwangsläufig reagieren die Menschen ebenso auf Sie, und bald finden Sie sich in einer liebevollen Welt wieder, die Sie sich selbst geschaffen haben. Oder denken Sie, wie es war, als Sie schlecht gelaunt waren und spürten, wie Sie reizbar, gemein, misstrauisch wurden und sich widersinnig verhielten. Bald merkten Sie, wie alle negativ auf Sie reagierten und fanden sich in einer feindlich gesinnten Welt wieder, die Sie durch Ihr Denken und Empfinden errichtet hatten.

Was ist zu tun, um eine glückliche, liebevolle, friedvolle Welt zu schaffen? Wir müssen eine einfache, schöne, aber schmerzvolle Kunst erlernen: die Kunst des Schauens. Das ist sie: Jedes Mal, wenn Sie gereizt oder über jemanden verärgert sind, schauen Sie nicht auf ihn oder sie, sondern auf sich selbst. Die Frage dabei ist nicht: »Was ist nur mit dem oder der los?«, sondern: »Was sagt mir mein Ärger über mich selbst?« Tun Sie das jetzt: Denken Sie an jemanden, der Sie reizt, und sagen Sie diesen schmerzenden Satz zu sich selbst: »Der Grund für meinen Ärger ist nicht der oder die, sondern bin ich selbst.«

Haben Sie das gesagt, versuchen Sie herauszufinden, wodurch Sie diesen Ärger verursachen. Prüfen Sie zuerst die durchaus naheliegende Möglichkeit, dass der Grund für Ihren Ärger über die Schwächen (oder sogenannten Schwächen) der betreffenden Person darin liegt, dass es Ihre eigenen Schwächen sind. Sie haben sie unterdrückt und unbewusst auf einen anderen projiziert. Das trifft fast immer zu, aber kaum jemand sieht es ein. Suchen Sie also in Ihrem eigenen Herzen und unbewussten Sinn nach den Schwächen dieses Menschen, und bald wird sich viel Ärger in Dankbarkeit dafür verwandeln, dass das Verhalten eines anderen Sie zu dieser Selbsterkenntnis geführt hat.

Noch etwas anderes lohnt sich zu beachten: Kann es sein, dass Sie das, was diese Person sagt oder tut, so ärgert, weil es auf etwas in Ihrem Leben hinweist, was Sie sich weigern zu sehen? Denken Sie daran, dass Mystiker und Propheten Ärgernis erregen und deren Leben oder Worte uns durchaus nicht mehr so mystisch oder prophetisch erscheinen, wenn wir dadurch herausgefordert werden.

Auch das ist klar: Sie ärgern sich über jemanden, weil der- oder diejenige nicht den Erwartungen entspricht, die Ihrer Wertordnung entspringen. Vielleicht haben Sie ein Recht zu verlangen, dass der andere sich nach Ihrem Programm richtet, wenn er oder sie zum Beispiel hart oder ungerecht ist; aber lassen wir das einmal außer Acht. Wenn Sie diesen Menschen ändern oder seinem Verhalten ein Ende bereiten wollen, hätten Sie dann nicht damit mehr Erfolg, dass Sie sich nicht ärgern? Ärger trübt nur Ihren Blick und mindert die Wirksamkeit Ihres Tuns. Bekanntlich mindert ein Sportler oder Boxer durch Erregung und Ärger seine Kampfstärke, weil seine Reaktionen unkoordiniert werden. In den meisten Fällen haben Sie jedoch kein Recht zu verlangen, dass jemand Ihren Erwartungen Rechnung trägt. Jemand anderen würde dasselbe Verhalten durchaus nicht stören. Denken Sie einfach über diese Wahrheit nach, und Ihr Ärger wird verschwinden. Sie werden es töricht finden, zu verlangen, dass ein anderer die Maßstäbe und Normen erfüllt, die Ihnen Ihre Eltern mitgegeben haben.

Auch diese letzte Wahrheit sollten Sie bedenken: Von seinem persönlichen Hintergrund, seiner Lebenserfahrung und seinem mangelnden Bewusstsein her kann er oder sie sich gar nicht anders verhalten. Ein schönes Sprichwort sagt doch, dass Verstehen Vergeben heißt. Würden Sie diesen Menschen also wirklich verstehen, würden Sie ihn eher als geschädigt und nicht als schuldig ansehen, und Ihr Ärger wäre auf der Stelle verflogen. Überdies können Sie sich sicher sein, dass dann, wenn Sie ihn oder sie mit Liebe behandeln und er oder sie die Liebe erwidert, Sie sich in einer liebevollen Welt wiederfänden, die Sie sich selbst geschaffen haben.

Der Mönch und die Frau

Zwei buddhistische Mönche trafen auf dem Weg zum Kloster eine außergewöhnlich schöne Frau am Flussufer. Auch sie wollte, wie die Mönche, ans andere Ufer, aber das Wasser war zu hoch. So nahm sie einer der Mönche auf den Rücken und trug sie hinüber.

Sein Begleiter war äußerst schockiert. Zwei Stunden lang schalt er ihn, die heilige Regel verletzt zu haben. Hatte er vergessen, dass er ein Mönch war? Wie konnte er wagen, eine Frau zu berühren? Und mehr noch, sie durch den Fluss zu tragen? Und was würden die Leute sagen? Hatte er nicht ihre heilige Religion in Verruf gebracht? Und so weiter und so weiter.

Der angeblich ungehörig handelnde Mönch hörte sich geduldig die nicht enden wollende Predigt an. Schließlich unterbrach er ihn und sagte: »Bruder, ich habe die Frau am anderen Ufer abgesetzt. Trägst du sie denn jetzt?"

Der Scharlatan

Die Halle war zum Brechen voll, meistens ältliche Damen. Es handelte sich um eine Art neuer Religion oder Sekte. Einer der Redner, nur mit Turban und Lendentuch bekleidet, stand auf. Er sprach gefühlvoll von der Macht des Geistes über die Materie, der Psyche über den Körper.

Alle lauschten gebannt. Schließlich kehrte der Redner auf seinen Platz mir gegenüber zurück. Sein Nachbar wandte sich ihm zu und fragte in einem lauten Flüstern: »Glauben Sie wirklich, was Sie gesagt haben, dass der Körper nichts fühlt, dass sich alles im Geist abspielt und dass der Geist bewusst durch den Willen beeinflusst werden kann?«

Der Scharlatan erwiderte in frommer Überzeugung: »Natürlich glaube ich das.«

Darauf der Nachbar: »Würden Sie dann bitte mit mir den Platz tauschen? Ich sitze nämlich genau im Zug.«

Ich versuche oft verzweifelt, das zu praktizieren, was ich predige. Wenn ich mich darauf beschränkte, nur das zu predigen, was ich auch praktiziere, wäre ich selbst kein so großer Scharlatan.

Wie oft hast du an mich gedacht?

Der indische Weise Narada war ein Anhänger von Gott Hari. Seine Verehrung für ihn war so groß, dass er eines Tages auf den Gedanken kam, niemand auf der ganzen Welt liebte Gott mehr als er.

Der Herr las in seinem Herzen und sagte: »Narada, geh in jene Stadt am Ufer des Ganges, denn dort wohnt einer meiner Anhänger. Es wird dir guttun, in seiner Gesellschaft zu leben.«

Narada ging hin und fand einen Bauern, der früh am Morgen aufstand, den Namen Hari nur einmal aussprach, danach seinen Pflug nahm, auf die Felder ging und dort den ganzen Tag arbeitete. Kurz vor dem Einschlafen sprach er den Namen Haris noch einmal aus. Narada dachte: »Wie kann dieser Bauer ein Verehrer Gottes sein? Den ganzen Tag ist er nur in seine weltlichen Beschäftigungen vertieft.«

Da sagte der Herr zu Narada: »Füll deine Schale bis zum Rand mit Milch und geh damit um die ganze Stadt. Dann komm zurück, ohne einen einzigen Tropfen verschüttet zu haben.« Narada tat, was ihm gesagt war.

»Wie oft hast du an mich gedacht, während du um die Stadt gingst?«, fragte der Herr.

»Nicht ein einziges Mal, Herr«, sagte Narada. »Wie sollte ich auch, wenn du mir befahlst, auf die Schale voller Milch zu achten?«

Der Herr sagte: »Diese Schale beanspruchte deine Aufmerksamkeit so sehr, dass du mich ganz vergessen hast. Sieh dagegen diesen Bauern! Er muss für den Lebensunterhalt einer Familie sorgen, denkt aber dennoch zweimal am Tag an mich.«

Kein Zutritt

Ein allgemein bekannter Sünder wurde exkommuniziert. Man verbot ihm, die Kirche zu betreten.

Er klagte Gott sein Leid. »Sie wollen mich nicht hineinlassen, Herr, weil ich ein Sünder bin.«

»Warum jammerst du?«, sagte Gott. »Mich lassen sie auch nicht hinein.«

An Gott denken

Man sah den Ortspfarrer des Öfteren im Gespräch mit einer schönen Frau von schlechtem Ruf – und das auch noch in der Öffentlichkeit, was seine Pfarrkinder als Skandal ansahen.

Er wurde zu einer Standpauke vor den Bischof zitiert. Als der Bischof fertig war, sagte der Pfarrer: »Euer Exzellenz, ich war immer der Meinung, es sei besser, mit einer schönen Frau zu reden und dabei an Gott zu denken, als zu Gott zu beten und an eine schöne Frau zu denken.«

Geht der Mönch in eine Taverne, wird die Taverne seine Zelle. Geht der Betrunkene in eine Zelle, wird die Zelle seine Taverne.

Wie soll er heißen?

Als es an der Zeit war, ihrem Erstgeborenen einen Namen zu geben, begann ein Ehepaar zu streiten. Die Frau wollte ihn nach ihrem Vater nennen, der Mann bestand darauf, dass der Sohn den Namen seines Vaters trägt. Schließlich wandten sich beide an den Rabbi, der ihren Streit schlichten sollte.

»Wie hieß dein Vater?«, fragte der Rabbi den Mann.

»Abijah.«

»Und deiner?«, fragte er die Frau.

»Abijah.«

»Wo liegt dann das Problem?«, fragte der Rabbi verwirrt.

»Das ist so, Rabbi«, sagte die Frau. »Mein Vater war ein Gelehrter, und seiner ein Pferdedieb. Wie kann ich zulassen, dass mein Sohn nach einem Schurken benannt wird?«

Der Rabbi dachte ernsthaft darüber nach, denn das Problem war in der Tat heikel. Er wollte nicht, dass die eine Partei das Gefühl hatte, gewonnen, oder die andere, verloren zu haben. Also sagte er schließlich: »Ich schlage folgendes vor: Nennt den Jungen Abijah. Dann wartet ab und seht, ob er ein Gelehrter oder ein Pferdedieb wird. Dann wisst ihr, nach wem ihr ihn benannt habt.«

Wie man's sieht

Ein Frosch hatte sein Leben lang in einem Brunnen gewohnt. Eines Tages sah er zu seinem Erstaunen einen anderen Frosch.

»Woher kommst du?«, fragte er.

»Aus dem Meer, dort lebe ich«, sagte der andere.

»Wie ist das Meer? Ist es so groß wie mein Brunnen?«

Der Meeresfrosch lachte. »Das ist nicht zu vergleichen«, sagte er.

Der Brunnenfrosch tat so, als sei er daran interessiert, was sein Besucher über das Meer zu berichten habe. Aber er dachte: »Unter all den Lügnern, die ich in meinem Leben kennengelernt habe, ist dieser hier zweifellos der größte und unverschämteste.«

Wie soll man einem Frosch im Brunnen vom Ozean erzählen oder einem Ideologen von der Wirklichkeit?

Kein Ansporn mehr

Es war einmal ein Rabbi, der vom Volk als Gottesmann verehrt wurde. Kein Tag verging, an dem nicht viele Menschen um Rat baten, Heilung begehrten oder auch nur den Segen des heiligen Mannes. Und jedes Mal, wenn der Rabbi sprach, hingen die Menschen an seinen Lippen und sogen jedes einzelne Wort in sich auf.

Unter den Zuhörern gab es jedoch einen unangenehmen Burschen, der nicht die geringste Gelegenheit ausließ, um dem Meister zu widersprechen. Er beobachtete die Schwächen des Rabbi und machte sich über dessen Fehler lustig zum Missvergnügen seiner Anhänger, die allmählich in ihm die Inkarnation des Teufels sahen.

Eines Tages wurde der »Teufel« krank und starb. Jedermann seufzte erleichtert auf. Äußerlich wahrten sie den geziemenden Ernst, aber im Herzen waren sie froh, denn nun würden die ermutigenden Reden des Meisters nicht mehr unterbrochen und sein Auftreten nicht mehr von diesem respektlosen Ketzer kritisiert werden.

Daher waren die Menschen erstaunt, als sie sahen, dass der Meister bei der Beerdigung ehrlich trauerte. Als er später von einem Schüler gefragt wurde, ob er das unabänderliche Schicksal des Toten beklage, sagte er: »Nein, nein. Warum sollte ich um unseren Freund trauern, der nun im Himmel ist? Ich klage um mich selbst. Dieser Mann war mein einziger Freund. Hier bin ich von Menschen umgeben, die mich verehren. Er als einziger forderte mich heraus. Ich habe Angst, nicht mehr weiter zu wachsen, nun, da er gegangen ist.« Und bei diesen Worten brach der Meister in Tränen aus.

Rebhühner für einen Richter

Zwei Jäger hatten eine Klage gegeneinander angestrengt. Einer fragte seinen Rechtsanwalt, ob es nicht eine gute Idee wäre, dem Richter ein paar Rebhühner zu schicken. Der Rechtsanwalt war entsetzt: »Dieser Richter ist stolz auf seine Unbestechlichkeit«, sagte er, »eine solche Geste hätte genau die gegenteilige Wirkung der von Ihnen beabsichtigten.«

Nachdem der Prozess vorüber – und gewonnen – war, lud der Mann seinen Rechtsanwalt zum Essen ein und dankte ihm für den Rat hinsichtlich der Rebhühner.

»Wissen Sie«, sagte er, »ich habe sie dem Richter doch geschickt im Namen unseres Gegners.«

Moralische Empörung kann genauso blind machen wie Korruption.

Psychiatrische Behandlung

Arzt zum Patienten: »In den letzten zehn Jahren habe ich Sie wegen Schuldgefühlen behandelt. Und immer noch fühlen Sie sich wegen einer solchen Kleinigkeit schuldig? Sie sollten sich schämen!«

IV.

»Je mehr man einer Sache widersteht, desto größere Macht gibt man ihr«

Loslassen

Kooperation

»Was ist das Geheimnis deiner Ruhe und Gelassenheit?«, fragten die Schüler.

Sagte der Meister: »Aus dem Herzen kommendes, uneingeschränktes Kooperieren mit dem Unvermeidlichen.«

Die Erleuchtung

Wenn ich versuche, das,
was ich an mir nicht leiden kann,
dadurch zu ändern,
dass ich es bekämpfe,
dann dränge ich es nur in den Untergrund.

Wenn ich es annehme,
bleibt es an der Oberfläche und verflüchtigt sich.
Wenn ich ihm Widerstand entgegensetze,
bleibt es hartnäckig und weicht nicht von der Stelle.

Ich betrachte das Beispiel Jesu, der sich zur Aufgabe macht, Berge zu versetzen, und der mit erbitterten Narren streitet. Doch sogar in seinem Zorn ist er voller Liebe; sein leidenschaftliches Verlangen nach Veränderung verbindet er mit der Annahme der Wirklichkeit, so wie sie ist.

Ich versuche, wie er zu sein.
Ich fange mit Unlustgefühlen an.
Ich rede ihnen liebevoll und versöhnlich zu
und höre hin auf das, was sie mir zu sagen haben,

bis ich merke, dass es bei aller Unannehmlichkeit
mir auch gut tut;
dass es zu einem heilsamen Zweck geschieht,
den ich nun zu entdecken suche …

Ich setze das Gespräch fort,
bis ich fühle, dass ich diese Gefühle wirklich
angenommen habe
– Annahme, nicht Zustimmung, nicht Resignation …

sodass ich nun nicht mehr über meine
Depressionen deprimiert bin
oder ärgerlich über meinen Ärger
oder mutlos wegen meiner Mutlosigkeit
oder mich fürchte vor meiner Furcht
oder abweisend bin wegen meines Abgewiesenseins.

Ich kann jetzt im Frieden mit ihnen leben,
denn ich habe eingesehen,
dass Gott sie für mich zum Guten wenden kann.

Ich mache es ebenso
mit manchen der vielen anderen Dinge
in meinem Leben,
die ich ändern möchte:
Körperliche Beschwerden …
Persönliches Versagen …
Äußere Lebensumstände …
Ereignisse von früher …
Menschen, mit denen ich zusammenlebe …
Die ganze Welt, so wie sie ist …
Alter, Krankheit, Tod …

Ich unterhalte mich liebevoll mit ihnen,
in dem Wissen, dass sie irgendwie
in Gottes Pläne einbezogen sind.

Dabei geht in mir eine Veränderung vor:
Während um mich her alles gleich bleibt,
die Welt, meine Familie, meine Gefühle,
mein Leib, meine Nerven,
bin ich nicht mehr derselbe.

Ich bin nun gütiger geworden,
nehme Unerwünschtes leichter an.
Ich bin auch friedfertiger,
weil ich eingesehen habe,
dass man keine dauerhafte Veränderung
mit Gewalt erreichen kann,
sondern nur mit Liebe und Verstehen.

Loslassen

Eher geht ein Kamel durch ein Nadelöhr,
als dass ein Reicher
in das Reich Gottes gelangt.
MARKUS 10,25

Was kann man tun, um das Glück zu erlangen? Es gibt nichts, was Sie oder sonst jemand dafür tun können. Wieso? Einfach deshalb, weil Sie jetzt, in diesem Moment, schon glücklich sind. Wie können Sie denn etwas zu erreichen suchen, was Sie schon haben? Und wenn das so ist, warum nehmen Sie dann dieses Glück nicht wahr, das Sie besitzen? Weil Ihr Verstand dauernd Unglücklichsein produziert. Verjagen Sie dieses Unglücklichsein aus Ihrem Kopf, und sofort wird das Glück, das schon immer in Ihnen war, die Oberhand gewinnen. Wie lässt sich das Unglücklichsein verjagen? Finden Sie die Ursache heraus, und nehmen Sie sie unerbittlich unter die Lupe. Sie wird automatisch verschwinden.

Wenn Sie genau hinschauen, werden Sie erkennen, dass es nur einen einzigen Grund für Ihr Unglücklichsein gibt. Er heißt: Abhängigkeit. Was ist Abhängigkeit? Ein gefühlsmäßiger Zustand des Sich-Anklammerns, der aus der Überzeugung entsteht, dass man ohne eine bestimmte Sache oder einen bestimmten Menschen nicht glücklich sein kann. Dieser gefühlsmäßige Zustand des Anklammerns besteht aus zwei Elementen: einem positiven und einem negativen. Das positive Element ist das schnelle Vergnügen, die Erregung, der Nervenkitzel, den Sie erleben, wenn Sie bekommen haben, woran ihr Herz hängt. Das negative Element ist das Gefühl der Bedrohung und der Spannung, das die Abhängigkeit immer begleitet.

Stellen Sie sich einen Menschen vor, der in einem Straflager sein Essen hinunterschlingt: Mit einer Hand führt er das Essen zum Mund, mit der anderen möchte er es von den anderen abschirmen, die es ihm sofort wegschnappen, wenn er nicht aufpasst: das perfekte Bild eines Menschen, der an etwas festklammert. So macht Festklammern oder Abhängigsein von sich aus anfällig für Gefühlsausbrüche und ist immer eine Bedrohung für Ihren inneren Frieden und Ihre Ausgeglichenheit.

Wie können Sie dann von einem Menschen, der an etwas festhält, erwarten, dass er sich auf das weite Meer des Glücks hinauswagt, das Reich Gottes heißt? Genauso gut kann man von einem Kamel erwarten, dass es durch ein Nadelöhr geht!

Das Tragische an solchem Festhalten ist freilich, dass es unglücklich macht, sobald man nicht bekommt, woran man sich klammert. Und bekommt man es, macht es ebenso wenig glücklich – es verschafft uns nur das schnelle Vergnügen, den Genuss, gefolgt vom Überdruss und seinem selbstverständlichen Begleiter: der Angst, es wieder zu verlieren.

Sie werden sagen: »Darf ich denn mein Herz nicht an ein einziges hängen?« Selbstverständlich! An so vieles, wie Sie möchten. Doch jede einzelne Abhängigkeit kostet Sie ein Stück Ihres Glückes. Denken Sie daran: Abhängigkeiten sind von Natur aus so, dass noch so viele an einem einzigen Tag befriedigte Sie nicht glücklich machen können, wenn eine einzige offen bleibt, die Ihnen keine Ruhe lässt und Sie unglücklich macht. Es gibt keinen Weg, den Kampf gegen Abhängigkeiten zu gewinnen. Genauso gut können Sie nach trockenem Wasser suchen wie nach einer Abhängigkeit, die nicht unglücklich macht. Noch niemand hat jemals ein Patentrezept dafür gehabt, das, woran man hängt, ohne Kampf, Angst, Zittern und – früher oder später – ohne Niederlage zu behalten.

Nur so ist der Kampf gegen Abhängigkeiten zu gewinnen: Geben Sie sie einfach auf. Es ist – aller verbreiteten gegenteiligen Meinung zum Trotz – ganz einfach. Nur müssen Sie die folgenden Wahrheiten wirklich sehen.

Erste Wahrheit: Sie halten an einem Irrglauben fest – daran nämlich, dass Sie ohne einen bestimmten Menschen oder ohne eine bestimmte Sache nicht glücklich sind. Betrachten Sie einmal all Ihre Abhängigkeiten – eine nach der anderen –, und erkennen Sie den Irrtum dieser Annahme. Vielleicht stoßen Sie dabei in Ihrem Herzen auf Widerstand, doch sobald Sie das erkennen, werden Sie das Ergebnis spüren. Genau in diesem Moment wird die Abhängigkeit ihre Macht verlieren.

Zweite Wahrheit: Wenn Sie sich an allem einfach erfreuen, aber sich weigern, Ihr Herz daran zu hängen, sich weigern, dem Irrglauben zu folgen, dass Sie ohne etwas Bestimmtes nicht glücklich sein können, bleibt Ihnen all der Kampf und die innere Anspannung erspart, das Erlangte zu bewahren und zu verteidigen. Haben Sie schon einmal daran gedacht, dass Sie nichts, woran Sie hängen, aufzugeben brauchen, auf nichts verzichten müssen und sogar mehr Freude erfahren, wenn allem das Anklammern und Davon-Abhängigsein genommen ist, weil Sie dann in sich ruhen, gelöst und unbeschwert sein können?

Dritte und letzte Wahrheit: Wenn Sie lernen, den Duft von tausend Blumen zu genießen, klammern Sie sich nicht an eine einzelne, und leiden auch nicht, wenn Sie sie nicht bekommen. Wenn Sie tausend Lieblingsgerichte haben, werden Sie das Fehlen eines einzigen nicht bemerken; es wird Ihr Glück nicht im Geringsten beeinträchtigen. Doch genau Ihre Abhängigkeiten sind es, die Sie daran hindern, einen umfassenderen und vielfältigeren Geschmack für Dinge und Menschen zu entwickeln.

Im Lichte dieser drei Wahrheiten kann keine Abhängigkeit länger überleben. Doch das Licht muss ununterbrochen scheinen, um seine Wirkung entfalten zu können. Abhängigkeiten können nur in der Dunkelheit der Illusion gedeihen. Der Reiche kann nicht in das Königreich der Freude eingehen, nicht weil er böse sein will, sondern weil er auf seiner Blindheit beharrt.

Unauffälligkeit

Ein Mann von geistigem Ansehen kam zu dem Meister und sagte: »Ich kann nicht beten, ich kann die Heilige Schrift nicht verstehen und ich kann die Übungen, die ich anderen auftrage, nicht ausführen …«

»Dann gebt alles auf«, sagte der Meister fröhlich.

»Aber wie kann ich das? Ich gelte als heiliger Mann und habe in meiner Heimat Anhänger.«

Später sagte der Meister mit einem Seufzer: »Heiligkeit ist heute eine Bezeichnung ohne wirkliche Bedeutung. Sie ist nur echt, wenn sie Wirklichkeit ist, ohne einen Namen zu tragen.«

Genau dort

Der Guru saß in Meditation versunken am Ufer des Flusses, als ein Schüler ihm zwei große Perlen als Zeichen der Verehrung und Ergebenheit vor die Füße legte.

Der Guru öffnete die Augen; hob eine der Perlen auf und hielt sie so nachlässig in der Hand, dass sie herausrutschte und die Böschung hinunter in den Fluss rollte.

Der entsetzte Schüler tauchte sofort nach der Perle, aber obwohl er es bis spät in den Abend hinein immer wieder versuchte, hatte er kein Glück.

Schließlich weckte er den Guru aus seiner Meditation, nass und erschöpft wie er war, und sagte: »Ihr habt die Perle fallen sehen. Zeigt mir genau wo, dann kann ich sie für Euch wiederfinden.«

Der Guru hob die zweite Perle auf, warf sie in den Fluss und sagte: »Genau dort.«

Versucht nicht, Dinge zu besitzen,
denn sie können nie wirklich besessen werden.
Achtet nur darauf,
nicht von ihnen in Besitz genommen zu werden,
dann seid ihr der Herr der Schöpfung.

Über die Abhängigkeit

Wir alle hängen voneinander in verschiedenster Hinsicht ab, oder nicht? Wir hängen vom Metzger ab, vom Bäcker, vom Glühbirnenhersteller. Gegenseitige Abhängigkeit. So ist das! Nach diesem Schema schaffen wir eine Gesellschaft und weisen verschiedenen Menschen verschiedene Funktionen zu – zum Wohle aller, damit wir besser funktionieren und effizienter leben –, das hoffen wir zumindest. Aber voneinander psychologisch abhängig zu sein – voneinander gefühlsmäßig abzuhängen –, was bedeutet das eigentlich? Es bedeutet, von einem anderen Menschen in punkto Glück abzuhängen.

Denken Sie einmal darüber nach. Denn wenn Sie das tun, wird das Nächste, was Sie tun werden, sein – ob Sie sich dessen bewusst sind oder nicht –, zu verlangen, dass andere Leute zu Ihrem Glück beitragen. Dann wird der nächste Schritt folgen: Angst – Angst vor Verlust, vor Entfremdung, vor Zurückweisung, gegenseitiger Kontrolle. Vollkommene Liebe vertreibt Angst. Wo Liebe ist, gibt es keine Ansprüche, keine Erwartungen, keine Abhängigkeit. Ich verlange nicht, dass du mich glücklich machst; mein Glück ist nicht in dir begründet. Wenn du mich verlassen würdest, würde ich mich nicht bedauern; ich genieße deine Gesellschaft über alle Maßen, aber ich klammere mich nicht an.

Ich genieße sie, ohne mich festzuklammern. Was ich eigentlich genieße, bist nicht du, es ist etwas, das größer ist als wir beide. Es ist etwas, das ich entdeckt habe, eine Art Sinfonie, eine Art Orchester, das in deiner Gegenwart eine Melodie spielt. Doch wenn du gehst, hört das Orchester nicht auf zu spielen. Begegne ich jemand anderem, spielt es eine andere Melodie, die auch wunderbar ist. Und bin ich alleine, spielt es weiter. Es hat ein großes Repertoire und hört nie auf zu spielen.

Darum also geht es eigentlich beim Wachwerden. Das ist auch der Grund, weshalb wir hypnotisiert und manipuliert sind und schlafen.

Es muss schrecklich sein, gefragt zu werden: »Ist das wirklich Liebe, wenn du dich an mich klammerst und mich nicht gehen lassen willst? Mich nicht sein lassen willst, was ich bin?« Kann man sagen, dass Sie einen Menschen lieben, wenn Sie ihn psychologisch oder gefühlsmäßig zu Ihrem Glück brauchen? Das steht in offenem Widerspruch zu den universalen Lehren aller Schriften, aller Religionen und Mystiker.

»Wie kommt es nur, dass uns das all die Jahre entgangen ist?«, frage ich mich selbst immer wieder. »Wie kommt es nur, dass ich das nicht bemerkt habe?« Stößt man auf diese radikalen Stellen in der Bibel, fragt man sich bald: Ist dieser Mann denn verrückt? Aber es dauert nicht lange, bis man findet, dass alle anderen verrückt sein müssen. »Wenn jemand zu mir kommt und nicht Vater und Mutter, Frau und Kinder, Brüder und Schwestern gering achtet ... wenn er nicht auf seinen ganzen Besitz verzichtet, kann er nicht mein Jünger sein« (Lukas 14,26.33).

Man muss alles loslassen. Es ist wohlgemerkt kein physischer Verzicht, das wäre ja einfach. Wenn Ihre Illusionen schwinden, kommen Sie schließlich zur Wirklichkeit; und Sie können mir glauben: Sie werden nie mehr einsam sein, nie mehr. Einsamkeit lässt sich nicht durch menschliche Gesellschaft beseitigen. Einsamkeit wird durch Nähe zur Wirklichkeit aufgehoben. Dazu ließe sich noch viel sagen. Nähe zur Wirklichkeit, Illusionen aufgeben, zum Wirklichen kommen. Was auch immer es sei, es hat keinen Namen. Wir können es nur dadurch erfahren, dass wir vom Unwirklichen lassen. Man kann nur wissen, was Alleinsein ist, wenn man sein Anklammern und seine Abhängigkeiten aufgibt.

Doch der erste Schritt dazu besteht darin, dass man das als erstrebenswert anerkennt. Wenn man etwas nicht als erstrebenswert erachtet, wie sollte man es dann erreichen können?

Denken Sie über Ihre eigene Einsamkeit nach. Könnte Sie menschliche Gesellschaft von ihr befreien? Sie würde Ihnen nur Zerstreuung bringen. Innerlich bleiben Sie leer, oder nicht? Und wenn die Leere aufbricht, was tun Sie dann? Sie laufen weg, schalten den Fernseher ein, das Radio, Sie lesen ein Buch, suchen menschliche Gesellschaft, Unterhaltung, Zerstreuung. Alle tun das. Davon lebt heutzutage ein ganzer Markt, eine organisierte Industrie, die uns zerstreut und unterhält.

Entsagen ist keine Lösung

Immer wenn Sie Entsagung üben, machen Sie sich etwas vor. Was meinen Sie dazu? Ja, Sie machen sich etwas vor. Worauf verzichten Sie denn? Immer, wenn Sie auf etwas verzichten, werden Sie daran gebunden. Ein indischer Guru hat einmal gesagt: »Immer, wenn eine Prostituierte zu mir kommt, spricht sie nur von Gott. Sie sagt, ich habe mein Leben satt, es stößt mich ab. Ich suche Gott. Aber immer, wenn ein Priester zu mir kommt, spricht er nur von Sex.«

So ist es: Wenn man etwas entsagt, ist man ihm für immer verhaftet. Wenn man gegen etwas ankämpft, ist man mit ihm für immer verbunden. Solange man gegen etwas ankämpft, gibt man ihm Macht. Man gibt ihm so viel Kraft, wie man dafür aufwendet, es zu bekämpfen.

Das gilt ebenso für eine politische Richtung wie für alles sonst. Deshalb heißt es, die eigenen bösen Geister »anzunehmen«, denn kämpfen Sie gegen sie an, geben Sie ihnen Macht. Hat Ihnen das noch niemand gesagt? Wenn Sie etwas entsagen, hält Sie das, dem Sie entsagen, fest. Die einzige Möglichkeit, dies zu durchbrechen, liegt darin, es zu durchschauen. Entsagen Sie etwas nicht, sondern durchschauen Sie es. Versuchen Sie, seinen wahren Stellenwert zu verstehen, und Sie werden ihm nicht mehr zu entsagen brauchen; Sie werden sich aus eigener Kraft davon lösen. Wenn Sie das nicht so sehen, wenn Sie der Gedanke gefangen hält, dass Sie ohne dieses oder jenes nicht glücklich sein können, kommen Sie natürlich nicht weiter. Was wir für Sie tun müssen, ist nicht, was die sogenannte Spiritualität zu tun versucht, nämlich Sie Opfer bringen zu lassen: Dingen zu entsagen. Das bringt nichts. Sie schlafen weiter. Was wir tun müssen, ist, Ihnen helfen zu verstehen, zu verstehen und nochmals zu verstehen. Wenn Sie verstehen würden, würden Sie nicht erst versuchen, auf etwas zu verzichten, sondern einfach aufhören, danach zu verlangen. Genauso gut kann man sagen: Wenn Sie aufwachen würden, würden Sie einfach das Verlangen danach fallen lassen.

Der zu enge Heiligenschein

Ein Mann kam zu einem Arzt und sagte: »Doktor, ich habe wahnsinnige Kopfschmerzen, die ich nie loswerde. Könnten Sie mir nicht etwas dagegen geben?«

»Durchaus«, sagte der Arzt, »aber zunächst möchte ich einige Dinge abklären. Sagen Sie, trinken Sie viel Alkohol?«

»Alkohol?«, erwiderte der Mann empört. »Dieses widerliche Zeug rühre ich nicht an.«

»Wie steht's mit dem Rauchen?«

»Ich finde Rauchen ekelhaft. Nie in meinem Leben habe ich Tabak auch nur angefasst.«

»Es ist mir etwas peinlich, diese Frage zu stellen, aber Sie kennen ja die Männer ... treiben Sie sich nachts herum?«

»Natürlich nicht. Für wen halten Sie mich? Ich bin jeden Abend spätestens um zehn Uhr im Bett.«

»Sagen Sie«, fragte der Arzt, »ist dieses Kopfweh, von dem Sie sprechen, ein scharfer, stechender Schmerz?«

»Ja«, sagte der Mann. »Das ist es – ein scharfer, stechender Schmerz.«

»Ganz einfach, mein Lieber! Ihr Problem liegt darin, dass Ihr Heiligenschein zu stramm sitzt. Wir brauchen ihn nur etwas zu lockern.«

Den Konkurrenzkampf aufgeben

Kehren wir zu diesem großartigen Satz aus dem Evangelium zurück: »Wer aber sein Leben verliert, wird es gewinnen« (Matthäus 16,25). Er begegnet einem fast überall in der religiösen, spirituellen und mystischen Literatur.

Wie verliert man sich denn selbst? Haben Sie schon einmal versucht, etwas zu verlieren? Es ist doch so: Je mehr man es versucht, desto schwieriger wird es. Gerade wenn man etwas nicht verlieren will, verliert man es umso leichter. Man verliert vor allem das, dessen man sich nicht bewusst ist. Gut, aber wie stirbt man sich selbst? Wir sprechen zwar jetzt von Sterben, aber nicht von Selbstmord. Wir sollen nicht das Selbst töten, sondern es heißt, wir sollen ihm sterben. Dem Selbst Schmerzen zuzufügen, es leiden zu lassen, würde genau das Gegenteil bewirken. Es wäre kontraproduktiv.

Man ist nie so sehr mit sich selbst beschäftigt, wie wenn man Schmerzen hat. Man konzentriert sich nie so sehr auf sich selbst, wie wenn man deprimiert ist. Man ist nie so sehr bereit, sich selbst zu vergessen, wie wenn man glücklich ist. Glück befreit vom Selbst. Leid, Schmerz, Verzweiflung und Niedergeschlagenheit fesseln an das Selbst. Denken Sie nur daran, wie bewusst Sie sich Ihres Zahnes sind, wenn er Ihnen wehtut. Haben Sie keine Schmerzen, nehmen Sie nicht einmal wahr, dass Sie diesen Zahn haben, oder einen Kopf, wenn Sie keine Kopfschmerzen haben, ganz anders freilich, wenn Sie von rasenden Kopfschmerzen geplagt werden.

Deshalb ist es ein ziemlicher Irrtum, ja falsch, zu meinen, dass man, um das Selbst zu verleugnen, sich selbst quälen und kasteien muss, wovon man früher überzeugt war. Das Selbst zu verleugnen, ihm zu sterben, heißt, seine wahre Natur zu verstehen. Wenn Sie das tun, wird es verschwinden, wird es sich verlieren.

Stellen Sie sich vor, jemand klopft eines Tages an meine Tür. Ich sage: »Treten Sie nur ein. Darf ich wissen, wer Sie sind?« Darauf erwidert er: »Ich bin Napoleon.« Ich sage verdutzt: »Nicht der Napoleon … ?« Doch er gibt zurück: »Ganz genau, Bonaparte, Kaiser von Frankreich.« »Was Sie nicht sagen!«, antworte ich und denke mir dabei, dass ich mich bei diesem Mann wohl besser in acht nehme. »Setzen Sie sich, Eure Majestät.« Er beginnt: »Ich habe gehört, dass Sie ein recht guter geistlicher Begleiter sind. Ich habe ein geistliches Problem. Ich bin besorgt. Es fällt mir schwer, auf Gott zu vertrauen. Sehen Sie, meine Armeen stehen in Russland, und der Gedanke, wie wohl alles ausgehen wird, bereitet mir schlaflose Nächte.« Also sage ich ihm: »Eure Majestät, ich kann Ihnen dafür durchaus etwas verschreiben. Mein Vorschlag ist: Lesen Sie im Matthäusevangelium, Kapitel 6: ›Lernt von den Lilien, die auf dem Feld wachsen: Sie arbeiten nicht und spinnen nicht.‹«

An dieser Stelle beginne ich mich zu fragen, wer hier eigentlich der Verrückte ist, er oder ich. Aber ich mache weiter mit diesem Spinner. Genau das tut auch der weise Guru am Anfang mit Ihnen. Er macht mit Ihnen weiter, er nimmt Ihre Sorgen ernst. Er wischt Ihnen die eine oder andere Träne von der Wange. Sie spinnen, Sie wissen es nur noch nicht. Und bald wird der Zeitpunkt gekommen sein, wo er Ihnen den Teppich unter den Füßen wegzieht und sagt: »Hören Sie auf, Sie sind nicht Napoleon.«

In einem der berühmten Dialoge der heiligen Katharina von Siena soll Gott zu ihr gesagt haben: »Ich bin der, der ist; Du bist die, die nicht ist.«

Haben Sie jemals Ihr Nicht-Sein erfahren? In der Spiritualität des Fernen Ostens gibt es ein Bild dafür: das Bild der Tänzerin und des Tanzes. Gott wird als die Tänzerin gesehen, und die Schöpfung ist Gottes Tanz. Was aber nicht so zu verstehen ist, dass Gott nun die große Tänzerin ist und Sie die kleine. O nein! Sie werden getanzt! Haben Sie das schon einmal erfahren?

Wenn also jener Mann zu Sinnen kommt und merkt, dass er nicht Napoleon ist, hört er ja nicht auf zu sein. Er fährt fort zu sein, aber er merkt plötzlich, dass er etwas anderes ist, als er dachte.

Das Selbst zu verlieren heißt, mit einem Mal zu merken, dass Sie jemand anderes sind, als Sie dachten. Sie dachten, Sie wären die Sonne, nun merken Sie, dass Sie ein Mond sind. Sie glaubten, Sie wären die Tänzerin, nun erleben Sie sich selbst als den Tanz. Dies alles sind nur Analogien, Bilder, die nicht buchstäblich zu verstehen sind, doch können sie einen Hinweis geben, einen Fingerzeig. Nehmen Sie sie also nicht wörtlich.

Bescheidenheit

Einem Gast, der sich selbst einen Wahrheitssucher nannte, sagte der Meister: »Wenn du die Wahrheit suchst, muss du vor allem anderen eine Sache besitzen.«

»Ich weiß, ein unbezwingbares Verlangen nach Wahrheit.«

»Nein. Eine nie nachlassende Bereitschaft zuzugeben, dass du Unrecht haben könntest.«

Sich an Illusionen klammern

Wenn Sie sich anklammern, ist das Leben zerstört; wenn Sie an etwas festhalten, hören Sie auf zu leben. Diese Erfahrung durchzieht das ganze Evangelium. Verstehen müssen wir! Verstehen müssen wir auch eine weitere Illusion: dass Glück nicht dasselbe wie Spannung und Nervenkitzel ist. Es ist ebenso eine Illusion, dass Nervenkitzel daher rührt, dass Wünsche erfüllt werden. Wünsche erzeugen Angst, und früher oder später folgt der Überdruss. Wenn Sie genug gelitten haben, sind Sie bereit, dies einzusehen. Sie halten sich durch Nervenkitzel hoch. Es ist so, als wollte man ein Rennpferd mit Delikatessen füttern, mit Kuchen und Wein. Doch so wird ein Rennpferd nun einmal nicht gefüttert. Es ist, als gäbe man einem Menschen Drogen. Man kann auch seinen Magen nicht mit Tabletten füllen. Dazu ist selbstverständlich gutes, solides, nahrhaftes Essen und Trinken notwendig. Das alles müssen Sie für sich selbst herausfinden.

Eine weitere Illusion besteht darin, dass das jemand anderer für Sie herausfinden kann, dass irgendein Erlöser, Guru oder Lehrer es für Sie tun kann. Nicht einmal der größte Guru der Welt kann auch nur einen Schritt für Sie tun – den müssen Sie schon selbst tun. Der heilige Augustinus sagt in diesem Zusammenhang sehr einsichtig: »Jesus selbst konnte für viele, die ihn hörten, nichts tun.« Sie selbst sind es, die das Ihrige erledigen müssen. Niemand kann Ihnen helfen: Sie müssen Ihr Essen verdauen, Sie müssen verstehen. Das Verstehen kann Ihnen niemand abnehmen. Sie müssen selbst suchen. Diese Suche kann Ihnen niemand abnehmen. Wenn Sie nach der Wahrheit suchen, müssen Sie es ebenso selbst tun. Sie können sich dabei auf niemanden stützen.

Eine weitere Illusion ist die Meinung, wichtig sei, respektiert, geliebt und geschätzt zu werden, angesehen und bedeutend zu sein. Viele sind der Meinung, wir besäßen einen natürlichen Drang, geliebt und geschätzt zu werden, zu jemandem zu gehören. Das ist falsch. Geben Sie diese Illusion auf, und Sie werden zum Glück finden. Wir haben einen natürlichen Drang, frei zu sein, zu lieben, aber nicht geliebt zu werden. Immer wieder stoße ich bei psychotherapeutischen Gesprächen auf ein weitverbreitetes Problem: »Niemand liebt mich; wie kann ich da glücklich sein?« Ich erkläre ihm oder ihr: »Soll das heißen, Sie hätten nie Momente, in denen Sie vergessen, dass Sie nicht geliebt werden, und einfach gelöst und glücklich sind?« Natürlich haben Sie solche Augenblicke.

Nehmen wir zum Beispiel eine Frau, die im Kino sitzt und sich ganz vertieft einen Film ansieht. Es ist eine Komödie – sie biegt sich vor Lachen –, und in diesem gesegneten Augenblick vergisst sie, sich selbst daran zu erinnern, dass niemand sie liebt, niemand sie liebt, niemand sie liebt. Sie ist glücklich! Auf dem Weg nach Hause trifft ihre Freundin, mit der sie im Kino war, ihren Freund und verabschiedet sich von ihr. Die Frau ist wieder allein und denkt: »Alle meine Freundinnen haben Freunde, und ich habe niemanden. Ich bin so unglücklich. Niemand liebt mich!«

In Indien kaufen sich neuerdings viele alte Leute Transistorradios, die dort ein ziemlicher Luxus sind. »Alle haben einen Transistor«, hört man immer wieder, »nur ich habe keinen. Ich bin so unglücklich.« Bis alle damit anfingen, sich Transistorradios zu kaufen, war jeder auch ohne solch ein Spielzeug glücklich.

Nicht anders ist es mit Ihnen. Bis Ihnen jemand erzählt hat, man könne nicht glücklich sein, ohne geliebt zu werden, waren Sie vollkommen glücklich. Sie können glücklich sein, ohne geliebt oder begehrt zu sein oder auf jemanden anziehend zu wirken. Glücklich werden Sie durch Kontakt zur Realität. Was das Glück bringt, ist der Kontakt zur Realität, in jedem einzelnen Augenblick. Dabei werden Sie Gott finden; dabei werden Sie das Glück finden. Aber die meisten sind nicht bereit, darauf zu hören.

Aus der Vielfalt der Illusionen auch diese: Äußere Ereignisse hätten die Macht, Ihnen Schaden zuzufügen, andere Menschen besäßen die Macht, Sie zu verletzen. Diese Macht haben sie jedoch nicht, vielmehr sind Sie es, die ihnen Macht dazu verleihen.

Sodann die Illusion: Sie seien all die Etiketten, die andere Ihnen aufgeklebt oder die Sie sich selbst zugelegt haben. Auf keinen Fall sind Sie diese Etiketten, Sie müssen sich deshalb nicht daran klammern. An dem Tag, da mir jemand erzählt, ich sei ein Genie, und ich das ernst nehme, steht es schlimm um mich. Wissen Sie auch warum? Weil ich jetzt anfange, mich zu verkrampfen: Ich muss diesem Anspruch gerecht werden, darf das Erreichte nicht verlieren. Nach jedem Vortrag muss ich herausfinden: »Hat Ihnen mein Vortrag gefallen? Finden Sie immer noch, dass ich ein Genie bin?«

Merken Sie etwas? Was Sie also tun müssen, ist, die Etiketten von sich zu reißen: Werfen Sie sie weit weg, und Sie sind frei! Identifizieren Sie sich nicht mit solchen Aufklebern! Sie zeigen doch nur, was andere von Ihnen denken, wie jemand Sie gerade erlebt hat. Sind Sie wirklich ein Genie? Sind Sie ein Spinner? Sind Sie ein Mystiker? Sind Sie überspannt? Was hat das schon zu sagen, vorausgesetzt, Sie bleiben wach und leben Ihr Leben von Augenblick zu Augenblick. Dazu steht im Evangelium der wunderbare Satz: »Seht euch die Vögel des Himmels an: Sie säen nicht, sie ernten nicht und sammeln keine Vorräte in Scheunen. Lernt von den Lilien, die auf dem Feld wachsen ... sie arbeiten nicht und spinnen nicht« (Matthäus 6,26-28). Das ist wirklich mystische Rede - eines erwachten Menschen.

Warum haben Sie also Angst? Können Sie mit all Ihren Ängsten Ihr Leben auch nur um den kürzesten Augenblick verlängern? Warum sich wegen des Morgen beunruhigen? Gibt es ein Leben nach dem Tod? Werde ich nach dem Tod weiterleben? Warum sich mit dem Morgen plagen? Kommen Sie ins Heute. Jemand sagte einmal: »Das Leben ist etwas, das uns widerfährt, während wir damit beschäftigt sind, andere Pläne zu schmieden.« Das ist tragisch. Leben Sie den gegenwärtigen Augenblick. Es ist eine der Ansichten, zu der Sie gelangen werden, wenn Sie wach geworden sind. Sie werden erkennen, dass Sie in der Gegenwart leben und jeden Augenblick zu schätzen wissen. Ein anderes gutes Zeichen ist, wenn Sie die Sinfonie Ton für Ton hören, ohne sie an einer Stelle anhalten zu wollen.

Größeren Mut

Alle Leute sprachen von dem frommen Mönch, der sein Leben durch Selbstmord verloren hatte.

Während niemand im Kloster die Tat des Mannes gutheißen konnte, sagten manche, sie bewunderten seinen Glauben.

»Glauben?«, sagte der Meister.

»Ja, er hatte den Mut seiner Überzeugungen, nicht wahr?«

»Das war Fanatismus, nicht Glaube. Glaube fordert einen noch größeren Mut: seine Überzeugungen zu überprüfen und sie aufzugeben, wenn sie sich nicht mit der Wirklichkeit decken.«

Sich loslösen

Der einzige Weg, sich zu verändern, ist, sein Verstehen zu ändern. Aber was heißt verstehen? Wie gehen wir da vor? Versuchen Sie sich einmal klarzumachen, wie weit wir durch alle möglichen Dinge, an denen wir hängen, zu Sklaven werden; wir tun alles, um uns die Welt so zurechtzurücken, dass uns unsere Eingenommenheiten erhalten bleiben, denn die Welt ist für sie eine ständige Bedrohung. Ich habe Angst, einem Freund könnte nichts mehr an mir liegen; er könnte sich jemand anderem zuwenden. Ich muss ständig attraktiv sein, weil ich diesen anderen Menschen unbedingt haben muss. Man hat mich so eingestellt, dass ich meine, auf seine oder ihre Liebe angewiesen zu sein. Das bin ich in Wirklichkeit aber nicht. Ich brauche die Liebe von niemandem; ich muss lediglich Kontakt zur Realität bekommen. Ich muss aus meinem Gefängnis ausbrechen, aus diesem Programmiert- und Beeinflusstsein, diesen falschen Überzeugungen, diesem Hirngespinst; ich muss in die Wirklichkeit ausbrechen.

Die Wirklichkeit ist schön, sie ist eine reine Wonne. Das ewige Leben ist jetzt. Es umgibt uns wie einen Fisch das Meer, doch wir haben keine Ahnung davon. Die Dinge, an denen unser Herz hängt, lenken uns zu sehr ab. Zeitweise richtet sich die Welt so ein, dass sie zu unseren Anhänglichkeiten passt. Dann sagen wir zum Beispiel: »Toll! Meine Mannschaft hat gewonnen!« Aber warten Sie nur ab; das kann sich schnell ändern; morgen schon können Sie wieder niedergeschlagen sein. Warum machen wir nicht Schluss damit?

Machen Sie diese kleine Übung, die Sie nur ein paar Minuten Zeit kostet: Denken Sie an etwas oder jemanden, an dem Sie hängen; oder, mit anderen Worten, an etwas oder jemanden, ohne das oder den Sie meinen, nicht glücklich sein zu können. Das kann Ihre Arbeit, Ihre Karriere, Ihr Beruf, Ihr Freund, Ihr Geld oder was auch immer sein. Dann sagen Sie zu der Sache oder dem Menschen: »Ich brauche dich wirklich nicht, um glücklich zu sein. Ich führe mich nur selbst in die Irre, wenn ich glaube, dass ich ohne dich nicht glücklich sein kann. Doch in Wirklichkeit brauche ich dich nicht zu meinem Glück, ich kann ohne dich glücklich sein. Du bist nicht mein Glück und meine Freude.«

Wenn Sie an einem Menschen hängen, wird er oder sie nicht gerade überglücklich sein, das von Ihnen zu hören, aber lassen Sie sich dadurch nicht beirren. Gestehen Sie es sich vielleicht nur im geheimsten Winkel Ihres Herzens ein. Auf jeden Fall werden Sie in Kontakt zur Wahrheit kommen und eine Illusion zerbrechen. Glück ist ein Zustand von Illusionslosigkeit, des Entledigtseins von Illusionen.

Oder versuchen Sie eine andere Übung: Denken Sie an eine Zeit, als Ihr Herz gebrochen war und Sie glaubten, nie wieder glücklich sein zu können (als Ihr Mann starb, Ihre Frau starb, Ihr bester Freund Sie im Stich ließ, Sie Ihr ganzes Geld verloren). Was geschah dann? Die Zeit verging, und wenn es Ihnen gelang, etwas anderes zu finden, woran Sie Ihr Herz hängten, oder jemand anderen zu finden, den Sie mochten, oder etwas anderes, woran Ihnen lag, was war dann mit der alten Sache oder Person? Sie brauchten sie also doch nicht, um glücklich zu sein, oder?

Daraus hätten Sie etwas lernen sollen, aber wir werden nie klüger. Wir sind programmiert und fixiert. Es ist sehr befreiend, mit seinen Gefühlen von nichts abzuhängen. Würden Sie dies für nur eine Sekunde erfahren, gäbe es für Sie in Ihrem Gefängnis keine Mauern mehr, und Sie könnten einen Blick auf die Weite des Himmels werfen. Eines Tages werden Sie vielleicht sogar fliegen.

Ich hatte zwar Angst, es zu sagen, aber ich sprach zu Gott, und ich sagte ihm, dass ich ihn nicht bräuchte. Meine erste Reaktion war: »Das steht zu allem, was ich gelernt habe, im glatten Widerspruch.« Manche möchten auch bei ihrer Bindung an Gott eine Ausnahme machen. Sie sagen: »Wenn Gott der ist, der er meiner Meinung nach sein sollte, wird es ihm nicht gefallen, wenn ich meine Bindung an ihn aufgebe!« Gut, wenn Sie meinen, dass Sie ohne Gott nicht glücklich sein können, dann hat der »Gott«, an den Sie denken, mit dem wirklichen Gott nichts zu tun. Sie denken an einen Traumzustand, an Ihren Begriff. Manchmal müssen Sie »Gott« loswerden, um Gott zu finden. Viele Mystiker lehren uns das.

Wir wurden von allem so verblendet, dass wir nicht erkannten, dass das Aneinander-Hängen einer Beziehung eher schadet als nützt. Ich erinnere mich, wie sehr ich mich davor fürchtete, einem guten Freund von mir zu sagen: »Eigentlich brauche ich dich nicht. Ich kann auch ohne dich glücklich sein. Aber dadurch, dass ich dir das sage, kann ich deine Gesellschaft erst richtig genießen – da gibt es keine Ängste mehr, keine Eifersucht, kein Besitzdenken, kein Anklammern. Es ist schön, bei dir zu sein, ohne festgehalten zu werden. Du bist frei und ich auch.«

Liebe

Ein frisch verheiratetes Paar sagte: »Was sollen wir tun, damit unsere Liebe von Dauer ist?«

Sagte der Meister: »Liebt gemeinsam andere Dinge.«

Wie man den Heiligen Geist erhält

Jesus hat gesagt, wartet. Wir können den Geist nicht hervorbringen. Wir können nur auf seine Ankunft warten. Und das ist etwas, das unserer Menschennatur in unserer Welt von heute sehr schwer fällt. Wir können nicht warten. Wir können nicht stillsitzen. Wir sind zu unruhig, zu ungeduldig. Wir müssen auf den Beinen und unterwegs sein. Wir würden eher stundenlang schwer arbeiten, als unter Schmerzen bewegungslos auf etwas warten, das wir nicht im Griff haben; etwas, dessen Eintrittszeit wir nicht kennen. Wir müssen aber warten; so warten und warten und warten wir – aber nichts geschieht (oder vielmehr nichts, was wir mit unserem für geistliche Wirklichkeiten ungeschulten Blick wahrnehmen können), sodass wir des Wartens und des Betens müde werden. Das »Arbeiten für Gott« liegt uns mehr, und so ertrinken wir wieder in Geschäftigkeit. Doch der Geist wird nur denen geschenkt, die warten; denen, die Tag für Tag im Gebet Gott und sein Wort auf ihr Herz einwirken lassen; die Stunden um Stunden auf etwas verwenden, das für unser produktionsorientiertes Denken schiere Zeitverschwendung zu sein scheint.

In der Apostelgeschichte (1,4) lesen wir: »Als Jesus in ihrer Mitte war, gebot er ihnen, Jerusalem nicht zu verlassen. ›Ihr müsst‹, sagte er, ›auf die Verheißung meines Vaters warten …‹« Geht nicht weg von Jerusalem. Noch einmal: Widersteht dem Drang, aufzubrechen und zu wirken, bevor ihr vom Handlungszwang befreit werdet, dem Drang, anderen mitzuteilen, was ihr selbst noch nicht erlebt habt. Wenn der Geist dann da ist, »werdet ihr meine Zeugen sein in Jerusalem … und bis an die Enden der Erde.« Aber nicht vorher, oder ihr werdet lügnerische Zeugen sein – oder bestenfalls »Drücker«, doch nicht Apostel. Drücker sind ängstliche Menschen, die unter innerem Zwang andere zu überzeugen suchen, um ihre eigene Ängstlichkeit abzuschütteln.

Jesus hat gesagt: »Ihr werdet Kraft empfangen …« Empfangen ist das richtige Wort! Jesus erwartet nicht von uns, dass wir Kraft erzeugen, denn eine Kraft wie diese kann man nicht erzeugen, wie sehr wir uns auch abmühen. Man kann sie nur empfangen. Dabei fällt mir das Wort eines jungen Mädchens ein: »Ich habe Dutzende von Seminaren mitgemacht, in denen ich wenigstens hundert herrliche Gedanken aufgegriffen habe. Was ich jetzt brauche, sind nicht mehr herrliche Gedanken. Ich brauche die Kraft, wenigstens einen dieser Gedanken in die Tat umzusetzen!«

Keine Anstrengung

Denjenigen Schülern, die naiv darauf vertrauten, dass sich nichts erreichen lässt ohne den entschiedenen Willen dazu, konnte der Meister sagen: »Die besten Dinge im Leben können nicht durch Willenskraft Wirklichkeit werden.«

»Du kannst mit Willenskraft Essen in deinen Mund stecken, aber nicht mit Willenskraft Appetit bekommen. Du kannst dich mit Willenskraft ins Bett legen, aber nicht mit Willenskraft einschlafen. Du kannst mit Willenskraft jemandem ein Kompliment machen, aber nicht mit Willenskraft Bewunderung wecken. Du kannst mit Willenskraft ein Geheimnis mitteilen, aber nicht mit Willenskraft Vertrauen schaffen. Du kannst mit Willenskraft einen Dienst erweisen, aber nicht mit Willenskraft Liebe schenken.«

Der Zug hält sonnabends nicht

Ein Pendler sprang in New York auf einen Zug und sagte dem Schaffner, er fahre nach Fordham. »Sonnabends halten wir nicht in Fordham«, sagte der Schaffner, »aber hören Sie zu. Wenn wir in Fordham die Fahrt verlangsamen, werde ich Ihnen die Tür öffnen, und Sie können hinausspringen. Aber achten Sie darauf, zunächst ein Stück in Fahrtrichtung mitzulaufen, oder Sie fallen platt aufs Gesicht.«

In Fordham ging die Tür auf, und der Pendler, der absprang, lief vorwärts. Ein anderer Schaffner, der ihn erblickte, machte die Tür auf und zog ihn in den Zug, als dieser wieder schneller fuhr. »Da haben Sie aber Glück gehabt, Kumpel«, sagte der Schaffner. »Dieser Zug hält sonnabends nicht in Fordham.«

In den eigenen bescheidenen Grenzen kann man Menschen oft am besten helfen, wenn man ihnen aus dem Wege geht.

Dinge zu erledigen ist eine Kunst. Aber sie unerledigt liegen zu lassen ist auch eine Kunst.

Befreiung von Ressentiments

Wer anderen das Unrecht, das sie ihm angetan haben, nicht verzeihen kann, der bewahrt in sich ein Gift, das seiner körperlichen, emotionalen und spirituellen Gesundheit schwer schaden kann. Oft hört man Leute sagen: »Ich kann vergeben, doch nicht vergessen«, oder »Ich möchte vergeben, doch ich kann nicht«. Was sie eigentlich meinen, ist, dass sie nicht vergeben wollen. Sie möchten an der Befriedigung festhalten, die ihnen ihr Ressentiment verschafft. Sie möchten es einfach nicht loswerden. Sie verlangen, dass der andere seine Schuld einsehe, dass er sich entschuldige, dass er sich bessere, dass er bestraft werde – nur dann wollen sie ihr Ressentiment aufgeben, und sich von dem Gift befreien, das sich in sie hineinfrisst.

Oder sie haben das echte Verlangen, ihr Ressentiment loszuwerden, doch es schwelt weiterhin in ihnen, weil sie keine Gelegenheit hatten, ihm Ausdruck zu geben und es so aus ihrem »System« auszustoßen. Oft ersetzt dieses echte Verlangen nicht die Notwendigkeit, den ganzen Ärger und das Ressentiment zumindest in der Fantasie regelrecht »auszuspeien«. Ich muss nicht betonen, dass wir in der Meditation nur Fortschritte machen können, wenn unser Herz ganz frei von Ressentiments ist. Hier ist eine einfache Methode, wie du dich von ihnen befreien kannst:

Stelle dir vor, die Person, gegen die du Ressentiments hegst, steht vor dir. Lass sie deine Ressentiments wissen, schütte deinen ganzen Ärger über sie aus, so kräftig wie du kannst. Nimm kein Blatt vor den Mund. Du kannst sogar deinen Groll durch einen körperlichen Gewaltakt ausdrücken, indem du etwa mit der Faust auf eine Matratze oder ein Kissen schlägst. Häufig sammeln sich im Menschen Ressentiments an, weil sie Angst haben, stark zu sein. Die Festigkeit, die sie gegenüber anderen Menschen zeigen sollten, richten sie deshalb gegen sich selbst. Vergebung und Milde sind keine Tugenden, wenn man sie aus Furcht, für die Wahrheit einzustehen, übt; dann sind sie nur ein Deckmantel für Feigheit.

Nachdem du dein ganzes Ressentiment ausgeschüttet hast – aber wirklich erst *danach* –, betrachte die Situation aus der Perspektive des anderen Menschen, der das Ressentiment verursacht hat. Nimm seinen Platz ein und erkläre die ganze Sache: Wie sieht sie in seinen Augen aus? Bedenke auch, dass sehr selten jemand aus Bosheit einen anderen kränkt, angreift oder beleidigt. Selbst wenn er den anderen mit Absicht beleidigt, liegt der Grund meist in einem tiefsitzenden Unglücksgefühl dieses Menschen. Wirklich glückliche Menschen sind nicht bösartig. Außerdem bist du in den allermeisten Fällen nicht persönlich die Zielscheibe der Angriffe. Der Angreifer sucht etwas anderes (oder jemand anderen) in dir, was er auf dich projiziert hat.

Vielleicht bringen dich diese Überlegungen dazu, für den anderen eher Mitleid als Ärger und Ressentiment zu fühlen.

Wenn alle diese Bemühungen nicht fruchten, dann bist du wahrscheinlich einer jener Menschen, die unbewusst, doch aktiv gekränkte Gefühle und Ressentiments ansammeln. Es ist unglaublich, aber wahr, dass diese Menschen Situationen schaffen, in denen sie gekränkt oder beleidigt werden, und wenn sie bekommen haben, was sie wollten, dann glauben sie, ein Recht auf ihre Ressentiments zu haben. Du kannst eine solche Neigung überwinden, wenn deine Erwartungen von anderen Menschen neutral bleiben. Das heißt: Bleibe bei deinen Erwartungen, drücke sie gegenüber dem anderen Menschen sogar aus – doch lass ihm alle Freiheit; mache dir klar, dass er in keiner Weise gezwungen ist, deinen Erwartungen zu entsprechen (...) Viele Menschen sind von vornherein auf ihre Umwelt böse und verkehren mit Menschen nur in der stillschweigenden Annahme: »Wenn du mich wirklich liebtest, würdest du ... (mich nicht kritisieren; freundlich mit mir sprechen; dich an meinen Geburtstag erinnern; mir den Gefallen tun, um den ich dich gebeten habe usw. usw. ...).« Ihnen fällt es sehr schwer, einzusehen, dass alle diese Erwartungen nichts mit der echten Liebe, die der andere für sie empfindet, zu tun haben. (...)

Sei nicht erstaunt, wenn die gekränkten Gefühle nach einiger Zeit zurückkehren. Übe geduldig. Es ist ein großes Opfer, seine negativen Gefühle aufzugeben und glücklich zu werden; die meisten Menschen können das Opfer nicht auf einmal bringen.

Manipulation

Der Meister hörte geduldig die Klagen einer Frau über ihren Mann an.

Schließlich sagte er: »Eure Ehe wäre glücklicher, meine Liebe, wenn du eine bessere Ehefrau wärest.«

»Und wie könnte ich das sein?«

»Indem du dich nicht länger anstrengst, ihn zu einem besseren Ehemann zu machen.«

Der unbewegte Buddha

Buddha schien unbeeindruckt von den Beleidigungen, die ein Besucher ihm zubrüllte. Als die Schüler ihn später nach dem Geheimnis dieser Gelassenheit fragten, sagte er:

»Stellt euch vor, was geschähe, wenn jemand eine Opfergabe vor euch hinlegte, und ihr würdet sie nicht aufheben. Oder jemand schickte euch einen Brief, den ihr euch zu öffnen weigern würdet; ihr wäret von dem Inhalt nicht berührt, nicht wahr? Tut das jedes Mal, wenn ihr beschimpft werdet, dann werdet ihr eure Gelassenheit nicht verlieren.«

Echte Würde wird nicht durch Missachtung gemindert. Die Majestät der Niagara-Fälle wird nicht geringer, wenn man hineinspuckt.

Freundlichkeit

»Was soll ich tun, um meinen Nächsten zu lieben?«

»Hör auf, dich zu hassen.«

Der Schüler grübelte lange und ernsthaft über diese Worte nach, kam dann zurück und sagte: »Aber ich liebe mich zu sehr, denn ich bin selbstsüchtig und egozentrisch. Wie kann ich mich davon befreien?«

»Sei freundlich zu dir, und dein Selbst wird zufrieden sein und dich freisetzen, deinen Nächsten zu lieben.«

Die Weigerung, sich etwas zu verzeihen

Gott ist nur zu bereit, uns zu verzeihen. Wir brauchen nicht einmal zu sagen, es tue uns leid, sondern wir brauchen nur den Wunsch zu haben, zu ihm zurückzukehren. Er lässt den Verlorenen Sohn nicht einmal ausreden, der seine Umkehr mit den paar Worten bekunden will, die er sich zurechtgelegt hat. Nichts auf der Welt ist leichter, als von Gott Vergebung zu erlangen. Gott liegt mehr daran, Vergebung zu gewähren, als uns, sie zu erhalten.

Die Schwierigkeit liegt also nicht an Gott, sondern an uns. Einmal weigern sich viele zu glauben, dass die Vergebung so leicht zu haben ist. Sodann, was noch schlimmer ist, weigern sie sich, sich selbst zu verzeihen. Sie brüten ständig darüber, wie jämmerlich und erbärmlich sie gehandelt haben, und wünschen, sie hätten nie gesündigt, hätten nie etwas auf dem Konto gehabt.

So steigern sie sich in ein falsches Empfinden von Unwürdigkeit, glauben, sie seien der Gnaden Gottes ganz und gar unwürdig, müssten Buße tun, sich läutern; müssten gründlich Sühne leisten für ihre Vergangenheit, bevor sie der Gnadenerweise Gottes wieder würdig werden können. Ich kenne kein größeres Hindernis für den geistlichen Fortschritt als dieses falsche Unwürdigkeitsempfinden. Selbst die Sünde ist kein so großes Hindernis. Weit davon entfernt, ein Hindernis zu sein, ist die Sünde geradezu eine Hilfe, wo Umkehr vorhanden ist. Doch dieses falsche Unwürdigkeitsempfinden - diese Weigerung unserseits, die Vergangenheit zu vergessen und in die Zukunft voranzuschreiten – macht es uns einfach unmöglich, überhaupt von der Stelle zu kommen. Ich habe einen Priester gekannt, der sich nach seiner Weihe ernstlich vergangen hatte. Ich war überzeugt, dass Gott ihm im Gebet außerordentliche Gnaden schenkte, dass Gott ihn zu einer hohen Stufe der Kontemplation berief. Doch es war unmöglich, diesen Priester davon zu überzeugen: in seinen eigenen Augen war er ein erbärmlicher Sünder, war er unwürdig; alles, was nach einer besonderen Gnade aussah, die Gott ihm geben wollte, war verdächtig und illusorisch, war einfach raffiniert getarnter Stolz. Über die Sünde kann Gottes Gnade leicht triumphieren, über diese Form von Widerstand jedoch nur mit der größten Mühe! (...)

Viele von uns müssen erst noch lernen, dass umkehren nicht heißt, zu sagen: »Herr, es tut mir leid.« Ich habe mir aus dem schönen Roman »Love Story« den Satz eingeprägt: »Lieben heißt, nie sagen zu müssen: Es tut mir leid« –, sondern: »Herr, ich liebe dich von ganzem Herzen.« Ist Ihnen aufgefallen, dass Jesus uns im Neuen Testament nirgendwo sagt, um Vergebung unserer Sünden zu erlangen, müssten wir Bedauern empfinden?

Selbstverständlich schließt er den Schmerz über die Sünde nicht aus. Nur fordert er ihn nicht ausdrücklich. Wir dagegen haben die Reue hochgespielt. Wie viele Beichtkinder habe ich gehabt, die sich mit der Frage verrückt gemacht haben, ob ihre Reue wohl ausreichte, ob ihre Reue »vollkommen« oder »unvollkommen« wäre, und mit anderen derartigen Fragen, die mit Vergebung schwerlich etwas zu tun hatten. Und während wir uns in Dinge verloren haben, die Jesus nicht ausdrücklich von uns verlangt hat, haben wir geflissentlich übersehen, was er ausdrücklich und mit Nachdruck gefordert hat. Er hat gesagt: »Wenn du von meinem himmlischen Vater Vergebung erwartest, musst du deinem Bruder vergeben.« Ausgerechnet diese Bedingung hat unter den Bedingungen für eine ›gute Beichte‹, die unsere früheren Katechismen aufgezählt haben, merkwürdigerweise gefehlt. Wir waren peinlich genau darauf bedacht, unser Gewissen zu erforschen, dem Priester all unsere Sünden zu beichten, Reue zu erwecken, uns Besserung vorzunehmen und die uns auferlegte Buße zu verrichten. Man hat uns nicht ausdrücklich gesagt, dass es weit wichtiger als all dies wäre, unserem Bruder alles Böse zu vergeben, das er uns angetan habe; ja, dass unsere Sünden, wenn diese Bedingung nicht erfüllt wäre, einfach nicht vergeben würden, ganz gleich, wie vollkommen unsere Reue und wie vollständig unser Sündenbekenntnis vor dem Priester im Beichtstuhl ausfiele.

Und noch etwas hat Jesus von uns verlangt, wenn wir für unsere Sünden Vergebung haben wollten: die Liebe. So einfach ist das. Komm zu mir und sag, dass du mich liebst, und deine Sünden werden dir vergeben. Wir sind gewohnt, die Tränen der Frau in Magdala für Tränen des

Schmerzes über ihre Sünden zu halten. Ich frage mich, wie wir auf diese Idee kommen konnten, da Jesus doch unmissverständlich sagt, ihre Tränen und ihr ganzes Verhalten seien Ausdruck ihrer Liebe. Viele Sünden werden ihr vergeben, weil sie viel geliebt hat. Nachdem Petrus Jesus verleugnet hatte, ist das, was Jesus von ihm verlangt, die Bekundung seiner Liebe. »Simon, Sohn des Johannes, liebst du mich über alles?«

Genau darum geht es bei der Umkehr. Wenn wir dies ganz deutlich sehen würden, blieben wir von all der Mutlosigkeit und Niedergeschlagenheit und sogar von all der maßlosen Angst vor Gott verschont, die viele empfinden, wenn sie sich bei ihrer Sündhaftigkeit aufhalten und die Gnade der Umkehr suchen. – Verweilen wir also bei unserem Herrn, verbringen eine Zeit der Umkehr, während der Sie ihm einfach immer wieder wie Petrus sagen: »Herr, du weißt alles, du weißt, dass ich dich liebe.« (...)

Wir stehen hier vor einem Geheimnis, das menschliches Begreifen übersteigt. Es kommt darauf an, die Wahrheit dieser beiden grundsätzlichen Positionen festzuhalten: dass man die Sünde verabscheut. Und dass man, wenn man gesündigt hat und umgekehrt ist, sich wirklich sehr glücklich schätzt, weil sich dann der Strom der Gnade in überreichem Maß in unser Herz ergießt. Der Sünder, der umkehrt – der Sünder, der liebevoll zu Gott zurückkehrt –, zieht Gott stärker an als ein Magnet. Gott findet ihn nicht abscheulich, sondern unwiderstehlich. Das ist die frohe Botschaft. All der andere Kram, was das Bedauern und die Sühne für unsere Sünden betrifft, ist keine frohe, sondern eine abgestandene alte Botschaft. Sie war uns auch ohne die Segensbotschaft Jesu längst bekannt.

Niemand

»Mein Leben ist ein Scherbenhaufen«, sagte der Besucher. »Meine Seele ist mit Sünde befleckt. Gibt es noch Hoffnung für mich?«

»Ja«, sagte der Meister. »Es gibt etwas, wodurch alles Zerbrochene wieder verbunden und jeder Makel weggewischt wird.«

»Was?«

»Vergebung.«

»Wem vergebe ich?«

»Jedem: dem Leben, Gott, deinem Nächsten – vor allem dir selbst.«

»Wie geschieht das?«

»Durch Verstehen, dass niemand zu beschuldigen ist«, sagte der Meister. »NIEMAND.«

Unvergesslich

Eine fromme Frau erzählte dem Meister, dass sie am Morgen beim Beichten gewesen sei.

»Ich kann mir nicht vorstellen, dass Sie eine schwere Sünde begehen können«, sagte der Meister. »Was haben Sie denn gebeichtet?«

»Nun, dass ich zu faul war, am Sonntag zur Messe zu gehen, dass ich einmal dem Gärtner geschworen habe und dass ich einmal meine Schwiegermutter für eine ganze Woche aus dem Haus gejagt habe.«

»Aber das ist doch schon fünf Jahre her, nicht wahr? Seitdem haben Sie doch sicherlich schon gebeichtet?«

»Ja, das habe ich. Aber ich beichte es jedes Mal. Ich erinnere mich halt so gern daran.«

Akzeptieren und Loslassen

»Herr, erweise mir die Gnade und lass mich ändern, was geändert werden kann, lass mich akzeptieren, was nicht geändert werden kann, und gib mir die Weisheit, den Unterschied zwischen beiden zu erkennen.«

Es gibt so viele Dinge in unserem Leben, die nicht geändert werden können! Wir sind ihnen gegenüber machtlos. Doch wenn wir Ja zu ihnen sagen können, kommen wir zum Frieden. Der Frieden liegt im Ja. Sie können weder die Zeit anhalten, weder den Tod eines geliebten Menschen ungeschehen machen, noch die Begrenztheit Ihres Körpers oder Ihre eigenen Unfähigkeiten überwinden.

Vergegenwärtigen Sie sich also die Dinge, die Sie nicht ändern können. Und sagen Sie Ja zu ihnen. Auf diese Weise werden Sie mit Gott sprechen. Natürlich ist das schwierig. Erzwingen Sie nichts. Aber wenn Sie in Ihrem Herzen Ja sagen können, sagen Sie Ja zum Willen Gottes.

Wenn Sie an dieser Einstellung festhalten, werden Sie sogar in den Dingen Frieden finden, um die zu ändern Sie kämpfen.

Eine zweite, ergänzende Übung betrifft das Loslassen: Denken Sie an Ihre Kindheit, als Sie sich so hartnäckig in etwas verbohrten, dass Sie nicht davon loskamen. Sie konnten nicht ohne es leben. Denken Sie an etwas, was Sie als Kind nicht leiden konnten oder gar hassten, oder an etwas, was Sie fürchteten. Viele dieser Ängste dauern bis heute. Was ist mit ihnen geschehen? Sie gingen vorüber, oder nicht?

Die Übung geht folgendermaßen: Machen Sie eine Liste der Dinge, von denen Sie abhängig sind, von denen Sie beherrscht werden, der Dinge, denen Sie nicht entsagen wollen. Und sagen Sie zu jedem einzelnen: »All das wird vorübergehen.« Legen Sie auch eine Liste der Dinge an, die Ihnen missfallen, die Ihnen unerträglich sind, und sagen Sie zu jedem einzelnen: »Auch das wird vorbeigehen.«

Als Jesus zur Welt kam, sangen die Engel »Frieden auf Erden!«. Als er starb, hinterließ er uns ein Geschenk: seinen Frieden. »Meinen Frieden gebe ich euch!« Der Friede ist ein Geschenk, wir können ihn nicht schaffen und noch viel weniger herbeireden. Was wir können, ist, unsere Herzen bereithalten und ihn empfangen.

Ändere dich nicht!

Jahrelang war ich neurotisch. Ich war ängstlich und depressiv und selbstsüchtig. Und jeder sagte mir immer wieder, ich sollte mich ändern. Und jeder sagte mir immer wieder, wie neurotisch ich sei.

Und sie waren mir zuwider, und ich pflichtete ihnen doch bei, und ich wollte mich ändern, aber ich brachte es nicht fertig, sosehr ich mich auch bemühte.

Was mich am meisten schmerzte, war, dass mein bester Freund mir auch immer wieder sagte, wie neurotisch ich sei. Auch er wiederholte immer wieder, ich sollte mich ändern.

Und auch ihm pflichtete ich bei, aber zuwider wurde er mir nicht, das brachte ich nicht fertig. Ich fühlte mich so machtlos und gefangen.

Dann sagte er mir eines Tages: »Ändere dich nicht. Bleib, wie du bist. Es ist wirklich nicht wichtig, ob du dich änderst oder nicht. Ich liebe dich so, wie du bist. So ist es nun einmal.«

Diese Worte klangen wie Musik in meinen Ohren: »Ändere dich nicht, ändere dich nicht … ich liebe dich.«

Und ich entspannte mich, und ich wurde lebendig, und Wunder über Wunder, ich änderte mich!

Jetzt weiß ich, dass ich mich nicht wirklich ändern konnte, bis ich jemanden fand, der mich liebte, ob ich mich nun änderte oder nicht.

Liebst du mich auf diese Weise, Gott?

Befreiung

»Wie soll ich Befreiung erlangen?«

»Finde heraus, wer dich festgehalten hat«, sagte der Meister.

Nach einer Woche kehrte der Schüler zurück und sagte: »Niemand hat mich festgehalten.«

»Warum möchtest du dann befreit werden?«

Für den Schüler war das ein Augenblick der Erleuchtung. Plötzlich wurde er frei.

Segnen, was war und ist

Es gibt eine Übung, die man machen kann. Sie ist sehr einfach: Denken Sie an den gestrigen Tag. Erinnern Sie sich daran, was an diesem Tag alles passiert ist, an ein Ereignis nach dem anderen, und seien Sie für jedes dankbar. Danken Sie. Sagen Sie: »Danke! Was für ein Glück ich doch hatte, dass ich das erleben durfte.«

Wahrscheinlich werden Sie sich auch an unerfreuliche Dinge erinnern. Dann machen Sie Schluss. Denken Sie: »Was mir da passiert ist, geschah zu meinem Besten.« Denken Sie so, sagen Sie Danke, und machen Sie weiter.

Eine andere Übung, die ich Ihnen vorschlage, hat mit dem Glauben zu tun; dem Glauben, dass alles von Gott gewollt und gegeben ist, er all dies zulässt zum Wohl jedes Einzelnen.

Ich nenne diese Übung »Segnen«. Denken Sie an vergangene Ereignisse, angenehme und weniger angenehme. Und sagen Sie: »Sie waren zu meinem Besten, sie waren gut!« Denken Sie an die Dinge, die Ihnen widerfuhren, und sagen Sie: »Es ist gut so, es ist gut so …« Und beobachten Sie, was geschehen wird: Der Glaube verwandelt sich in Freude; der Glaube, dass alles in Gottes Händen liegt, und dass uns alles zum Glück gereicht.

Ich kenne eine Geschichte von einem Mann, der zu einem Mönch ging, als dieser in seinem Dorf Halt machte. »Gib mir den Stein, den Edelstein!«

Der Mönch gab zurück: »Von was für einem Stein sprichst du überhaupt?«

»Heute Nacht erschien mir Gott und sagte: ›Morgen um die Mittagszeit wird ein Mönch durchs Dorf kommen, und wenn er dir den Stein gibt, den er bei sich trägt, wirst du der reichste Mann des ganzen Landes.‹ Also, gib mir den Stein!«

Der Mönch kramte in seiner Tasche und zog daraus einen Diamanten hervor. Es war der größte Diamant der Welt, so groß wie der Kopf eines Menschen! Dann sagte er: »Ist das der Stein, den du meinst? Ich habe ihn im Wald gefunden. Hier hast du ihn!«

Der Mann nahm den Stein und lief nach Hause. Doch als die Nacht kam und er sich schlafen legte, brachte er kein Auge zu. Am nächsten Morgen, zu früher Stunde, ging er an den Ort zurück, an dem der Mönch friedlich unter einem Baum schlief. Er weckte ihn und sagte: »Da hast du deinen Stein wieder. Gib mir lieber den Reichtum, der es dir so leicht macht, den Reichtum wegzuwerfen.«

Genau das müssen wir entdecken, wenn wir Freude und Glück finden wollen.

Reinigung

Der Meister bestand darauf, was er lehre, sei nichts, und was er tue gleichfalls nichts.

Seine Schüler entdeckten allmählich, dass Weisheit sich bei jenen einstellte, die nichts lernen, die alles verlernen.

Diese Umwandlung ist nicht die Folge von etwas, das man getan hat, sondern von etwas, das man aufgegeben hat.

V.

»Wie soll man etwas erlangen, was man schon besitzt?«

Glücklich sein

Spiegelung

»Warum ist hier jeder glücklich außer mir?«

»Weil sie gelernt haben, überall Güte und Schönheit zu sehen«, sagte der Meister.

»Warum sehe ich nicht überall Güte und Schönheit?«

»Weil du draußen nicht etwas sehen kannst, was du in deinem Inneren nicht siehst.«

Ins leere Loch schauen

Ein Geizhals versteckte sein Gold unter einem Baum in seinem Garten. Jede Woche grub er es aus und betrachtete es stundenlang. Eines Tages fand ein Dieb das Gold und verschwand damit. Als der Geizhals das nächste Mal seinen Schatz betrachten wollte, fand er nur noch ein leeres Loch.

Der Mann begann vor Kummer laut zu heulen, sodass seine Nachbarn zusammenliefen und sehen wollten, was los war. Als sie erfuhren, was passiert war, fragte einer von ihnen:

»Hast du das Gold zu etwas gebraucht?«

»Nein«, sagte der Geizhals, »ich habe es nur jede Woche angesehen.«

»In diesem Fall«, sagte der Nachbar, »wenn du das Gold nicht direkt gebraucht hast, dann kannst du genauso gut jede Woche herkommen und das Loch betrachten.«

Das Glück wollen

Wie ich schon sagte, wollen wir gar nicht glücklich sein. Wir wollen etwas anderes. Oder sagen wir es etwas genauer: Wir wollen nicht bedingungslos glücklich sein. Ich bin bereit, glücklich zu sein, vorausgesetzt, ich habe dieses und jenes und wer weiß was noch. Doch das ist dann so, als sagten wir zu unserem Freund oder zu unserer Freundin, zu Gott oder zu wem auch immer: »Du bist mein Glück. Wenn ich dich nicht bekomme, weigere ich mich, glücklich zu sein.«

Dies zu verstehen, ist sehr wichtig. Wir können uns gar nicht vorstellen, ohne solche Bedingungen glücklich zu sein. Das eben ist es. Es wurde uns beigebracht, unser Glück auf Bedingungen zu setzen.

Daher ist es das Erste, was zu tun ist, wenn wir wach werden wollen, was nichts anderes heißt als zu sagen: wenn wir lieben wollen, wenn wir Freiheit wollen, wenn wir Freude, Frieden und geistliches Leben wollen. In diesem Sinn ist Spiritualität die nützlichste Sache der Welt. Versuchen Sie doch einmal, sich etwas Nützlicheres vorzustellen als Spiritualität, wie ich sie beschrieben habe – nicht Frömmigkeit, nicht Gebet, nicht Religion, nicht Gottesdienst, sondern Spiritualität – Wachwerden, Wachwerden!

Wohin man blickt, überall Kummer, Einsamkeit, Angst, Verwirrung, Zwiespalt in den Herzen der Menschen – innerer und äußerer Zwiespalt. Angenommen, jemand würde Ihnen einen Weg zeigen, auf dem Sie all dem entrinnen könnten? Angenommen, jemand könnte Ihnen sagen, wie diesem gewaltigen Verlust an Energie, Gesundheit und Gefühlen, der von diesen Zwiespältigkeiten herrührt, ein Ende bereitet werden kann. Würden Sie dies wollen? Angenommen, jemand würde uns einen Weg zeigen, auf dem wir zu aufrichtiger gegenseitiger Liebe, zu Frieden und Freundlichkeit gelangen könnten. Können Sie sich etwas Nützlicheres als das vorstellen?

Doch stattdessen gibt es Leute, die meinen, das große Geschäft sei nützlicher, Politik und Wissenschaft seien nützlicher. Was hat die Erde davon, wenn ein Mensch auf den Mond geschossen wird, wenn wir auf der Erde nicht leben können?

Unzufrieden

Der Meister setzte das Thema fort mit der Geschichte von dem Hotelbesitzer, der sich bitter über die Folgen beklagte, die der Bau einer neuen Schnellstraße für sein Geschäft mit sich gebracht hatte.

»Hör mal zu«, sagte ihm ein Freund. »Ich kann dich einfach nicht verstehen. Jeden Abend sehe ich das Schild ›Besetzt‹ vor deinem Hotel.«

»Danach kannst du nicht gehen. Bevor die Schnellstraße gebaut wurde, musste ich jeden Tag dreißig bis vierzig Leute fortschicken. Jetzt schicke ich nie mehr als fünfundzwanzig weg.«

Fügte der Meister hinzu: »Wenn du entschlossen bist, negativ zu empfinden, sind sogar nichtexistierende Kunden wirkliche Kunden.«

Die Türangeln

»Warum erlangen die meisten Menschen keine Erleuchtung?«, fragte jemand den Meister.

»Weil sie als Verlust ansehen, was tatsächlich ein Gewinn ist.«

Dann erzählte er von einem Bekannten, der ein Geschäft eröffnete, das bald florierte. Die Kundschaft strömte den ganzen Tag.

Als der Meister dem Kaufmann zu dem Erfolg gratulierte, erwiderte dieser besorgt: »Sehen Sie die Dinge doch ganz realistisch, und schauen Sie sich nur einmal die Ladentüren an. Wenn sie so viele Leute ständig auf- und zumachen, muss ich die Türangeln bald erneuern lassen.«

Schon wieder Käsebrote!

In der Fabrik war Mittagspause, und ein Arbeiter öffnete trübselig sein Lunchpaket. »Ach nein«, sagte er laut, »schon wieder Käsebrote.«

So ging es zwei-, drei-, viermal hintereinander. Dann sagte ein Kollege, der das Gebrumme des Mannes gehört hatte: »Wenn du Käsebrote so sehr hasst, warum sagst du dann nicht deiner Frau, sie solle dir andere Schnitten machen?«

»Weil ich nicht verheiratet bin. Ich mache mir diese Brote selbst.«

Nichterleuchtete erkennen nicht, dass sie selbst die Ursache all ihrer Sorgen sind.

Hindernisse auf dem Weg zum Glück

Was ich jetzt sage, mag etwas übertrieben klingen, aber es ist wahr: Vor Ihnen können die wichtigsten Minuten Ihres Lebens liegen. Wenn Sie das begreifen, wird Ihnen das Geheimnis des Erwachens mit einem Schlag klar. Sie werden für immer glücklich, werden nie wieder unglücklich sein. Nichts und niemand wird Ihnen mehr etwas anhaben können. Ich meine das wirklich so: nichts.

Es ist, wie wenn jemand schwarze Farbe in die Luft wirft: Die Luft wird davon nicht schwarz, Luft kann man nicht schwarz anmalen. Egal, was Ihnen zustößt, es berührt Sie nicht. Sie behalten Ihren Frieden. Es gibt Menschen, die das erreicht haben, was ich »menschlich sein« nenne. Lassen Sie den Unsinn, wie eine Marionette einmal hierhin und einmal dorthin gezogen zu werden. Lassen Sie sich nicht von dem, was passiert, oder anderen Leuten vorschreiben, wie Sie empfinden sollen. Sie fühlen, wie man es von Ihnen erwartet, und nennen es »verwundbar sein«. Für mich heißt das: »eine Marionette sein«. Möchten Sie eine Marionette sein? Ein Druck auf den Knopf und Sie liegen am Boden; gefällt Ihnen das? Doch wenn Sie sich weigern, sich mit einem jener Etiketten zu identifizieren, werden die meisten Ihrer Sorgen bald ein Ende haben. (...)

Ein Geschäftsmann um die fünfzig, der kaum Zeit hat, trinkt in einer Bar ein Bier und sagt: »Schau dir doch mal meine alten Klassenkameraden an, die haben es wirklich geschafft.« – Dieser Narr! Was meint er damit: »Sie haben es geschafft?« Vielleicht stehen ihre Namen in der Zeitung. Heißt das wohl, es zu »schaffen«? Einer ist Fabrikdirektor, ein anderer wurde Richter; einer wurde dies, ein anderer das. Narren, alle miteinander!

Wer bestimmt denn, was »Erfolg haben« bedeutet? Die törichte Gesellschaft! Die Hauptsorge der Gesellschaft besteht darin, die Gesellschaft krank zu machen. Und je eher Sie das merken, desto besser für Sie. Übel dran sind diese Leute, und Sie haben die Richtung verloren. Sie wurden Direktor einer Irrenanstalt, und Sie sind noch stolz darauf, obwohl das überhaupt nichts bedeutet. Direktor einer Firma zu sein hat nichts damit zu tun, erfolgreich zu leben. Einen Haufen Geld zu haben hat nichts damit zu tun, ob man ein gelungenes Leben führt. Ihr Leben gelingt, wenn Sie wach werden!

Dann müssen Sie sich bei niemand mehr entschuldigen, brauchen niemand mehr etwas erklären, es ist für Sie nicht wichtig, was jemand von Ihnen denkt oder über Sie erzählt. Nichts kann Sie mehr quälen; Sie sind glücklich.

Das heißt für mich, erfolgreich zu sein. Ein guter Posten, Berühmtheit und ein guter Ruf haben absolut nichts mit Glück oder Erfolg zu tun. Das ist völlig unwichtig. In Wirklichkeit plagt unseren Mann in der Bar die Frage, was seine Kinder wohl von ihm halten, was seine Nachbarn von ihm denken, wie seine Frau über ihn denkt. Er hätte berühmt werden sollen. Unsere Gesellschaft und Kultur hämmern es ihm Tag und Nacht ein. Leute, die es geschafft haben! Was geschafft? Sich selbst zum Narren machen, das hat er geschafft. Denn er hat seine ganze Energie auf etwas Wertloses gerichtet. Er ist ängstlich und verwirrt, eine Marionette wie alle anderen. Sehen Sie sich an, wie er über die Bühne stolziert. Beobachten Sie einmal, wie er sich aufregt, wenn er einen Fleck auf dem Hemd hat. Heißt das Erfolg?

Schauen Sie einmal, wie er Angst bekommt, wenn er daran denkt, dass er vielleicht nicht wiedergewählt wird. Nennen Sie das Erfolg? Er wird durch und durch kontrolliert, manipuliert. Ein unglücklicher, bedauernswerter Mensch. Das Leben macht ihm keine Freude. Er ist ständig unruhig und ängstlich. Nennen Sie das menschlich?

Und wissen Sie, warum das so ist? Nur aus einem einzigen Grund: Sie haben sich mit einem bestimmten Aufkleber identifiziert, haben Ihr »Ich« mit Ihrem Geld oder Ihrem Job oder Ihrem Beruf gleichgesetzt. Das war Ihr Irrtum.

Kennen Sie die Geschichte vom Rechtsanwalt, dem der Klempner eine Rechnung ausgestellt hatte? Er sagte zum Klempner: »Also hören Sie mal, Sie verlangen 100 Euro für die Stunde. So viel verdiene ich ja als Rechtsanwalt nicht.«

Darauf antwortete der Klempner: »Als ich noch Rechtsanwalt war, habe ich das auch nicht verdient!«

Ob man Klempner, Rechtsanwalt, Geschäftsmann oder Priester ist, berührt das eigentliche »Ich« nicht. Wenn ich morgen meinen Beruf wechseln würde, wäre das so, als wechselte ich meinen Anzug. Ich selbst bleibe derselbe. Sind Sie Ihre Kleider? Sind Sie Ihr Name? Sind Sie Ihr Beruf? Hören Sie auf, sich mit alldem zu identifizieren. Das alles kann von heute auf morgen anders sein.

Wenn Sie das wirklich begriffen haben, kann Sie keine Kritik mehr treffen. Keine Schmeichelei, kein Lob wird Sie mehr rühren. Wenn Ihnen jemand sagt: »Sie sind ein toller Kerl«, von was spricht er dann? Er spricht vom »Mich«, und nicht vom »Ich«. Das »Ich« ist weder großartig noch minderwertig, weder erfolgreich noch ein Versager. Es ist keine dieser Schubladen, in die man nach Belieben gesteckt wird. Sie verändern sich schnell und hängen von den Maßstäben ab, die die Gesellschaft setzt. Diese Dinge hängen von Ihrer Beeinflussbarkeit ab. Schubladen werden von der Laune dessen bestimmt, der zufälligerweise gerade mit Ihnen spricht. Schubladen haben nichts mit dem »Ich« zu tun. Das »Ich« passt in keine dieser Schubladen. Das »Mich« ist im Allgemeinen egoistisch, töricht und kindisch – ein großer Narr. Wenn Sie mir also sagen: »Sie sind ein Narr«, dann weiß ich das schon lange! Das zugerichtete Selbst – was haben Sie denn erwartet? Ich weiß das schon lange. Warum identifizieren Sie sich mit ihm? Albern! Das ist nicht das »Ich«, sondern das »Mich«.

Möchten Sie glücklich sein? Ununterbrochenes Glück hat keine Ursache. Wahres Glück hat keine Ursache. Sie können mich nicht glücklich machen. Sie sind nicht mein Glück. Wenn Sie jemanden, der erwacht ist, fragen: »Warum sind Sie glücklich?«, wird er antworten: »Warum nicht?«

Glück ist unser natürlicher Zustand. Glück ist der natürliche Zustand kleiner Kinder, ihnen gehört das Himmelreich, bis die Dummheit der Gesellschaft und Kultur sie angesteckt und verdorben hat. Um das Glück zu erlangen, müssen Sie gar nichts tun, denn das Glück kann man nicht erlangen.

Wissen Sie auch warum? Weil wir es schon haben. Wie soll man auch etwas erlangen, was man schon besitzt? Aber warum erfahren Sie es dann nicht? Weil Sie zuerst etwas verlieren müssen, und zwar Ihre Illusionen. Sie brauchen nichts Zusätzliches, um glücklich zu sein; im Gegenteil, Sie müssen etwas verlieren. Das Leben ist leicht, das Leben macht Spaß. Es ist nur hart zu Ihren

Illusionen, Ambitionen, Ihrer Gier, Ihren Sehnsüchten. Wissen Sie, woher das alles kommt? Daher, dass Sie sich mit allen möglichen Aufklebern identifiziert haben!

Du selbst

Ein Geschäftsmann wollte vom Meister wissen, was das Geheimnis eines erfolgreichen Lebens sei.

Sagte der Meister: »Mach jeden Tag einen Menschen glücklich!«

Und er fügte als nachträglichen Gedanken hinzu: »... selbst wenn dieser Mensch du selbst bist.«

Nur wenig später sagte er: »Vor allem, wenn dieser Mensch du selbst bist.«

Das Geheimnis

Ich machte mich auf die Suche
nach der Quelle des Glücks:

Ich stelle mir einen glücklichen Menschen vor,
der arm ist,
und schaue mir sein Leben genau an.
Ich unterhalte mich mit ihm
und versuche zu ergründen,
was diesen Menschen glücklich macht ...

Ich denke an einen fröhlichen Menschen
mit schwacher Gesundheit,

mit körperlichen Schmerzen
und komme auch mit ihm ins Gespräch,
um herauszufinden,
was ihn glücklich macht …

Ich mache es ebenso mit einem glücklichen Menschen,
der sein Ansehen verloren hat …

Ich gehe in ein Gefängnis
und bin erstaunt, sogar hier einen glücklichen
Menschen zu finden …
Ich frage ihn, wie er dazu kommt …

Dann beobachte ich unglückliche Leute,
die frei sind …
und wohlhabend …
einflussreich
angesehen …

Ich spreche mit ihnen
– und höre mir bei der Unterhaltung
ihre Klagen aufmerksam an …

Gestern hatte ich Gelegenheiten, mich zu freuen,
und habe sie nicht einmal bemerkt.
Jetzt erst sehe ich sie …

Es ist unvorstellbar, dass jemand dankbar
und unglücklich sein könnte.
Ich danke dem Herrn für alles,
was gestern geschehen ist …
und achte darauf, welche Wirkung das auf mich hat.

Und in den Dingen,
die ich unangenehm oder lästig nenne,
suche ich das Gute, das ich durch sie bekomme …
die Samenkörner, die Wachstum in sich bergen …
und finde Grund, auch für sie dankbar zu sein …

Endlich sehe ich mich selber
von Stunde zu Stunde durch den heutigen Tag gehen
in Dank
– und Glück

Das Leben entdecken

Vor etwa zwölf Jahren habe ich einen Rikschafahrer in Kalkutta kennengelernt. Wenn Sie in einer Rikscha fahren, werden Sie nicht von einem Pferd gezogen, sondern von einem Menschen. Die Lebenserwartung dieser armen Leute beträgt noch zehn bis zwölf Jahre, nachdem sie als Rikschafahrer angefangen haben. Sie halten das nicht lange durch, sie erkranken an Tuberkulose und sterben schnell.

Der Mann hieß Ramchandra, und er hatte Tuberkulose. Damals gab es in Indien eine kleine Gruppe von Leuten, die illegal Skelette exportierte. Irgendwann kam man ihnen auf die Schliche, aber wissen Sie, was diese Leute taten? Sie kauften anderen ihr Skelett ab, solange sie noch lebten. Wenn man sehr arm war, ging man zu ihnen und verkaufte ihnen sein Skelett für ungefähr zehn Dollar.

Diese Leute fragten die Rikschafahrer: »Wie lange arbeitest du schon auf der Straße?« Und wenn jemand wie Ramchandra antwortete: »Zehn Jahre«, dann dachten sie sich: Oh, gut, der hat nicht mehr lange zu leben. »Alles klar, hier ist dein Geld.« Und sobald einer von diesen Männern starb, stürzten sie sich auf den Toten und nahmen ihn mit, und wenn der Leichnam mit Hilfe bestimmter Mittel schnell verwest war, dann hatten sie das Skelett.

Ramchandra hatte sein Skelett verkauft, so arm war er. Er hatte Frau und Kinder, und er hatte den Dreck, die Armut, das Elend und die Unsicherheit. Niemals würde man bei einem solchen Menschen Glück erwarten, nicht wahr? Aber ihn schien das alles nicht anzufechten, ihm ging es gut. Er machte sich überhaupt keine Sorgen.

Ich fragte ihn: »Machst du dir keine Sorgen?«

»Worüber?«

»Na ja, über deine Zukunft, die Zukunft deiner Kinder.«

Er sagte: »Also, ich tue mein Bestes, und der Rest liegt in Gottes Hand.«

Ich fragte weiter: »Aber was ist mit deiner Krankheit? Du leidest doch darunter, oder nicht?«

»Ein bisschen«, gab er mir zur Antwort. »Wir müssen das Leben nehmen, wie es ist.«

Ich habe ihn nie schlecht gelaunt erlebt. Aber als ich mit diesem Mann redete, begriff ich plötzlich, dass ich es mit einem Mystiker zu tun hatte. Ich begriff, dass ich das Leben selbst vor mir hatte. Er war lebendig. Ich war tot.

Erinnern Sie sich an die wunderbaren Worte von Jesus? Schaut euch die Vögel des Himmels an, die Lilien auf dem Felde. Sie säen nicht, sie spinnen nicht, sie machen sich überhaupt keine Sorgen um die Zukunft. Ganz anders als ihr. So stand Ramachandra vor mir. Ich habe ihn nur einmal kurz in Kalkutta getroffen und bin dann weitergezogen. Jetzt lebe ich weiter im Süden von Indien. Keine Ahnung, was aus ihm geworden ist, ich gehe davon aus, dass er mittlerweile gestorben ist. Aber ich weiß, ich habe einen Mystiker getroffen. Einen außergewöhnlichen Menschen. Er hatte das Leben entdeckt – oder neu entdeckt.

Die sieben Krüge voll Gold

Ein Barbier kam an einem verwunschenen Baum vorbei, als er eine Stimme hörte: »Möchtest du die sieben Krüge voll Gold haben?« Er blickte sich um und sah niemand. Aber seine Habgier war geweckt, und er rief eifrig: »Ja, natürlich möchte ich sie haben.«

»Dann geh sofort nach Hause«, sagte die Stimme, »dort wirst du sie vorfinden.«

Der Barbier lief, so schnell er konnte, nach Hause. Und wirklich, dort waren die sieben Krüge, alle mit Gold gefüllt außer einem, der nur halbvoll war. Der Barbier konnte jetzt den Gedanken nicht ertragen, dass ein Krug nur halbvoll war. Er war besessen von dem Wunsch, ihn zu füllen, sonst könnte er einfach nicht glücklich sein.

Er ließ allen Familienschmuck in Goldstücke einschmelzen und füllte sie in den halbvollen Krug. Aber der Krug blieb halbgefüllt wie zuvor. Es war zum Verzweifeln! Er sparte und knauserte und hungerte sich und seine Familie beinahe zu Tode. Aber ohne Erfolg. Gleichgültig wie viel Gold er hineinfüllte, der Krug blieb stets nur halbvoll.

Also bat er eines Tages den König, sein Gehalt zu erhöhen. Es wurde verdoppelt. Wieder begann der Kampf, den Krug zu füllen. Er begann sogar zu betteln. Der Krug verschlang jede Münze, die hineingeworfen wurde, und blieb doch hartnäckig halbvoll.

Der König bemerkte nun, wie elend und verhungert der Barbier aussah. »Was fehlt dir?«, fragte er. »Du warst so glücklich und zufrieden, als dein Gehalt noch kleiner war. Nun ist es verdoppelt worden, und du bist so erschöpft und niedergeschlagen. Kann es sein, dass du die sieben Krüge voll Gold zu Hause hast?«

Der Barbier war erstaunt: »Wer hat Euch das gesagt, Majestät?«, fragte er.

Der König lachte: »Du hast alle Symptome eines Menschen, dem der Geist die sieben Krüge anbietet. Er hat sie auch mir einmal angeboten. Ich fragte, ob dieses Geld ausgegeben werden könnte oder einfach gehortet werden müsste, und da verschwand er ohne ein weiteres Wort. Das Geld kann nicht ausgegeben werden. Es bewirkt nur den inneren Zwang, es zu horten. Geh hin, und gib es dem Geist zurück, und in derselben Minute wirst du wieder glücklich sein.«

Glücklich sein – aber nur unter einer Bedingung!

Eines der meistzitierten Worte der christlichen Literatur ist dieser Satz des heiligen Augustinus aus seinen »Bekenntnissen«: »Unruhig ist unser Herz, bis es ruht in dir, mein Gott.«

Immer, wenn ich diesen Satz lese oder höre, fällt mir ein Ausspruch einer der größten mystischen Dichter Indiens, Kabir, ein. Von ihm stammt ein wunderschönes Gedicht, das mit den Worten beginnt: »Ich lachte, als man mir sagte, dass ein Fisch im Wasser Durst leidet.« Stellen Sie sich das bildlich vor: ein durstiger Fisch mitten im Wasser! Wie ist das möglich?

Wir Menschen sind umgeben von Gott und finden keine Ruhe. Schauen Sie die Schöpfung an: Bäume, Vögel, Gras, Tiere, den Himmel, das Meer ... Wissen Sie was? Die ganze Schöpfung ist voll Freude! Die ganze Schöpfung ist glücklich! Ja, ich weiß, es gibt Leid, Schmerz, Wachstum, Verblühen, Alter und Tod. All dies ist Teil der Schöpfung, doch Sie sollten verstehen, was Glück wirklich bedeutet. Nur der Mensch hat Durst, nur das menschliche Herz ist voll Unruhe. Ist das nicht seltsam? Warum ist der Mensch unglücklich, und was lässt sich tun, um Unglücklichsein in Freude zu verwandeln? Weshalb sind die meisten Menschen niedergeschlagen und traurig? Weil sie verdrehte Ideen und falsche Vorstellungen von Freude und Glücklichsein haben.

Die erste falsche Vorstellung, mit der die meisten Menschen durchs Leben gehen, besteht darin, Freude mit Begeisterung, Nervenkitzel, Vergnügen und Unterhaltung gleichzusetzen. In diesem Glauben suchen sie also Betäubung und Rausch; sie mögen ihr Hochgefühl und ihren Nervenkitzel haben, sind dabei aber schon auf dem Weg zur nächsten Phase des Enttäuschtseins und der Niedergeschlagenheit.

Das Einzige, woran wir uns berauschen können, ist das Leben. Es ist ein sanftes Rauschmittel, doch mit lang anhaltender Wirkung. Dies ist also die erste falsche Vorstellung, von der wir uns befreien müssen. Freude und Glücklichsein bedeuten nicht Hochgefühl und Begeisterung, nicht unbedingt.

Die zweite falsche Vorstellung ist die, dass wir unserem Glück nachlaufen könnten, dass wir irgendetwas tun könnten, um es zu erreichen. Hier widerspreche ich mir beinahe selbst, denn gleich werde ich sagen, was wir tun können, um das Glück zu erreichen, wenn sich auch das Glück an sich nicht suchen lässt. Glück ist immer nur eine Konsequenz.

Die dritte und wohl entscheidende falsche Vorstellung vom Glück ist zu meinen, es lasse sich in äußeren Umständen, zum Beispiel in anderen Menschen, finden. »Sicherlich werde ich glücklich sein, wenn ich meinen Arbeitsplatz wechsle.« Oder: »Wer weiß, vielleicht wäre ich glücklich, wenn ich mir eine neue Wohnung suchte, eine andere Frau, einen anderen Mann heiratete?« usw. Glück hat aber wie gesagt mit Äußerlichkeiten nichts zu tun. Die meisten meinen tatsächlich, Geld, Macht und Ansehen könnte sie glücklich machen. Doch das ist nicht so. Arme Leute können sehr wohl glücklich sein. (...)

Ich las auch einmal einen Roman über einen Strafgefangenen in einem sibirischen Konzentrationslager. Der arme Mann wurde um vier Uhr morgens geweckt und erhielt ein Stück Brot, als Ration für den ganzen Tag. So gerne er dieses Stück Brot auf einmal gegessen hätte, sagte er sich: »Besser, ich hebe mir einen Teil auf, vielleicht brauche ich es heute Nacht, wenn ich vor Hunger nicht schlafen kann. Wenn ich dann etwas zu essen habe, werde ich vielleicht wieder einschlafen können.« Nach einem langen Tag harter Arbeit streckte er sich müde auf seinem Lager aus, zog die Decke über sich, die ihn kaum wärmte, und sprach zu sich: »Heute war ein guter Tag. Ich musste nicht im eisigen Nordostwind arbeiten. Und wenn mich heute Nacht der Hunger weckt, kann ich ein Stückchen Brot essen und weiterschlafen.« Können Sie sich die Freude und das Glück dieses Mannes vorstellen?

Ich kannte einmal eine gelähmte Frau, die von allen gefragt wurde: »Woher nehmen Sie nur diese Freude, die Sie immer ausstrahlen?«

Sie pflegte darauf zu antworten: »Ich habe alles, was ich zu meinem Glück brauche. Die schönsten Dinge im Leben kann ich tun.« Gelähmt ans Bett gefesselt und doch voller Freude. Eine außergewöhnliche Frau!

Freude findet man nicht in Äußerlichkeiten. Lösen Sie sich von dieser irrigen Ansicht, sonst finden Sie sie nie.

Und noch von etwas anderem müssen wir uns lösen, wenn wir Glück und Freude finden wollen. Wir müssen einige unserer üblichen Verhaltensweisen und Reaktionen ändern. Welche? Zuerst die des Kindes, das einzig und allein sich selbst sieht. Wir kennen das alle: »Wenn du nicht mit mir spielst, gehe ich nach Hause.«

Prüfen Sie sich einmal. Führen Sie sich die Dinge vor Augen, die Sie unglücklich machen und schauen Sie, ob Sie auf diesen Satz stoßen, den Sie sich fast unbewusst sagen: »Wenn ich dieses oder jenes nicht erreiche, weigere ich mich, glücklich zu sein.« »Wenn ich das nicht bekomme, oder jenes nicht geschieht, kann ich einfach nicht glücklich sein.«

Viele Menschen sind nicht glücklich, weil sie an ihr Glück Bedingungen knüpfen. Finden Sie heraus, ob sich diese Einstellung in Ihrem Herzen eingenistet hat, und werfen Sie sie hinaus.

Es gibt eine sehr schöne Geschichte von einem Mann, der Gott ständig mit allen möglichen Bitten in den Ohren lag. Eines Tages sah Gott diesen Mann an und sprach zu ihm: »Jetzt reicht's mir. Drei Bitten, und keine einzige mehr. Drei Wünsche werde ich dir erfüllen, und dann ist Schluss. Los, sage mir deine drei Wünsche!«

Der Mann war begeistert und sagte: »Ich darf mir wirklich alles wünschen, was ich will?«

Und Gott erwiderte: »Ja, drei Bitten, und keine einzige mehr.«

Also begann der Mann: »Herr, du weißt, dass es mir peinlich ist, aber ich würde gerne meine Frau loswerden, denn sie ist dumm und immer … Herr, du weißt schon. Es ist nicht mehr zu ertragen! Ich kann einfach nicht mehr mit ihr leben. Kannst du mich von ihr befreien?«

»In Ordnung«, sagte Gott, »dein Wunsch ist schon erfüllt.«

Und seine Frau starb. Bald aber befielen den Mann Schuldgefühle, dass er sich so erleichtert fühlte. Dennoch war er glücklich und erleichtert und dachte sich: »Ich werde eine schönere Frau heiraten.«

Als die Eltern und Freunde zum Begräbnis kamen und für die Verstorbene beteten, kam der Mann plötzlich zu sich und rief aus: »Mein Gott, was hatte ich für eine großartige Frau und wusste es nicht zu schätzen, als sie noch lebte.«

Daraufhin ging es ihm sehr schlecht. Wieder suchte er Gott auf und bat ihn: »Herr, bringe sie wieder zum Leben!«

Gott erwiderte: »In Ordnung, dein zweiter Wunsch sei dir erfüllt!«

So blieb ihm nur noch ein Wunsch. Er dachte: »Was soll ich mir nur wünschen?«, und holte sich bei seinen Freunden Rat.

Die einen meinten: »Wünsche dir Geld. Hast du Geld, kannst du dir alles kaufen, was du willst.«

Andere hingegen meinten: »Was nutzt dir alles Geld, wenn du nicht gesund bist?«

Wieder andere gaben zu bedenken: »Was nutzt dir alle Gesundheit, wenn du doch eines Tages stirbst? Wünsche dir Unsterblichkeit!«

So wusste der Arme bald noch weniger, was er wollte, denn schließlich sagte ihm jemand: »Was nützt dir Unsterblichkeit, wenn du niemanden hast, den du lieben kannst? Wünsche dir Liebe.«

Der Mann dachte nach und dachte nach ..., und konnte sich beim besten Willen nicht entscheiden. Er wusste einfach nicht, worum er bitten sollte. Es vergingen fünf Jahre, zehn Jahre, bis ihn eines Tages Gott erinnerte: »Wann sagst du mir eigentlich deinen dritten Wunsch?«

Der Ärmste sagte: »Herr, ich bin völlig durcheinander. Ich weiß überhaupt nicht, was ich mir wünschen soll! Kannst du mir nicht sagen, was ich mir wünschen soll?«

Da musste Gott lachen und sprach: »Also gut, dann werde ich es dir sagen. Wünsche dir, glücklich zu sein, was dir auch immer geschehen mag. Darin liegt das Geheimnis!«

Durstig

»Der Hauptgrund, warum viele Leute unglücklich sind, ist darin zu suchen, dass sie eine verkehrte Befriedigung aus ihren Leiden gewinnen«, sagte der Meister.

Dann erzählte er, wie er einmal auf einer Bahnfahrt im oberen Bett eines Liegewagens die Nacht verbrachte. Es war ihm unmöglich einzuschlafen, da von unten her ständig ein Stöhnen zu hören war: »Ach, bin ich durstig … ach, bin ich durstig …!«

Das Stöhnen wollte kein Ende nehmen. Da kletterte der Meister schließlich die Leiter hinunter, ging durch den ganzen Zug zum Speisewagen, kaufte zwei Becher Bier, ging den langen Weg zu seinem Abteil zurück und reichte die beiden Becher dem geplagten Mitreisenden.

»Hier ist etwas zu trinken!«

»Wunderbar, Gott sei Dank!«

Der Meister stieg die Leiter hoch und streckte sich wieder aus. Kaum hatte er die Augen geschlossen, hörte er es von unten her stöhnen: »Ach Gott, war ich durstig … oh, war ich durstig!«

Miserabel

»Der häufigste Grund des Unglücklichseins«, erklärte der Meister, »ist der gefasste Entschluss, unglücklich zu sein. Daher kommt es, dass von zwei Personen in genau derselben Situation sich die eine glücklich und die andere miserabel fühlt.«

Er erzählte, wie sich seine kleine Tochter gesträubt hatte, in ein Ferienlager zu gehen. In seinem Bemühen, ihr die Bedenken zu zerstreuen, adressierte der Meister einige Postkarten an sich selbst und gab sie dem Kind.

»Schreib bloß drauf ›Es geht mir gut‹«, sagte er, »und steck jeden Tag eine Karte in den Briefkasten.«

Das Mädchen überlegte kurz und fragte: »Wie schreibt man ›miserabel‹?«

Lulu

Der Besucher einer Psychiatrie sah, wie einer der Insassen auf einem Stuhl saß, sich ständig hin- und herwiegte und mit sanfter zufriedener Stimme wiederholte: »Lulu, Lulu …«

»Was hat der Mann für ein Problem?«, fragte er den Arzt.

»Lulu. Sie war die Frau, die ihn sitzengelassen hat«, antwortete der Doktor.

Als sie die Runde fortsetzten, kamen sie zu einer Gummizelle, deren Bewohner seinen Kopf immer wieder gegen die Wand schlug und stöhnend wiederholte: »Lulu, Lulu …«

»Ist Lulu auch das Problem dieses Mannes?«, fragte der Besucher.

»Ja«, erwiderte der Arzt, »ihn hat Lulu schließlich geheiratet.«

Es gibt eigentlich nur zwei Heimsuchungen im Leben: nicht zu bekommen, was man sich wünscht, und das, was man sich wünscht, zu bekommen.

Was Gott nicht kann

»Es gibt etwas, das sogar Gott nicht kann«, sagte der Meister zu einem Schüler, der fürchtete, jemanden zu kränken.

»Was?«

»Er kann nicht jeden zufriedenstellen«, sagte der Meister.

Sich entscheiden

Kehrt um!
Denn das Himmelreich ist nahe.
MATTHÄUS 4,17

Stellen Sie sich vor, Sie haben ein Radio, bei dem Sie an den Knöpfen drehen können, wie Sie wollen, und doch empfängt es nur einen Sender. Auch die Lautstärke lässt sich nicht regulieren. Manchmal ist kaum etwas zu hören, manchmal plärrt es so laut, dass Ihnen fast das Trommelfell platzt. Außerdem gibt es keinen Knopf zum Ausschalten; manchmal ist der Ton leise, doch sofort brüllt Ihr Radio los, wollen Sie sich ausruhen und schlafen. Wer würde sich solch ein Radio bieten lassen? Und dennoch lassen Sie es sich nicht nur bieten, sondern nennen es auch noch normal und menschlich, wenn Ihr eigenes Herz sich so verrückt benimmt.

Denken Sie einmal nach, wie oft Sie von Ihren Gefühlen hin- und hergerissen wurden, wie oft Sie einen Wutanfall hatten, Niedergeschlagenheit und Angst Sie erfasste, und immer nur, weil Ihr Herz etwas unbedingt verlangte, was

Sie nicht hatten, oder an etwas festhielt, was Sie hatten, oder etwas zu umgehen suchte, was Sie nicht wollten. (...) Kurz gesagt: Sobald Sie sich an etwas anklammern, wird die Funktion dieses wunderbaren Systems »menschliches Herz« lahmgelegt. Wollen Sie Ihr Radio reparieren, müssen Sie über Elektronik Bescheid wissen. Wenn Sie Ihr Herz wiederherstellen wollen, müssen Sie ernsthaft und gründlich über vier befreiende Wahrheiten nachdenken. (...)

Erste Wahrheit: Sie müssen sich zwischen Abhängigsein und Glücklichsein entscheiden. Beides können Sie nicht haben. Sobald sich Ihr Herz eine Abhängigkeit einhandelt, kommt es aus dem Takt, und Ihre Fähigkeit, ein frohes, sorgenfreies und heiteres Leben zu führen, wird zerstört. Prüfen Sie an der von Ihnen aufgegriffenen Abhängigkeit, wie sehr das stimmt.

Zweite Wahrheit: Woher rührt denn Ihre Abhängigkeit? Jedenfalls sind Sie nicht damit auf die Welt gekommen; sie entsprang einer Lüge, die Ihnen Ihre Gesellschaft und Ihre Kultur aufgetischt oder die Sie sich selbst eingeredet haben, nämlich: dass Sie ohne dies oder das, ohne diesen oder jenen Menschen, nicht glücklich sein können. Machen Sie einfach Ihre Augen auf und sehen Sie, wie falsch das ist. Hunderte sind absolut glücklich, auch ohne diese Sache oder jenen Menschen oder bestimmte Umstände, nach denen Sie sich sehnen und von denen Sie überzeugt sind, dass Sie ohne sie nicht leben können. Also wählen Sie: Wollen Sie Abhängigkeit oder Freiheit und Glück?

Dritte Wahrheit: Wenn Sie wirklich lebendig sein wollen, müssen Sie einen Sinn dafür entwickeln, die Dinge im rechten Verhältnis zueinander zu sehen. Das Leben ist unendlich größer als diese Lappalie, an der Ihr Herz hängt und der Sie die Macht gegeben haben, Sie derart aus der Fassung zu bringen. Eine Lappalie, ja genau dies. Denn wenn Sie lange genug leben, wird bald der Tag kommen, da diese Abhängigkeit keine Rolle mehr spielt. Sie werden sich nicht einmal mehr an sie erinnern. Ihre eigene Erfahrung wird Ihnen dies bestätigen. Genauso, wie Sie sich heute kaum noch an sie erinnern, geschweige denn noch irgendwie von diesen großartigen Lappalien, die Sie in der Vergangenheit so sehr beunruhigten, beeindruckt sind.

Und so bringt Sie die vierte Wahrheit zu dem unvermeidlichen Schluss, dass nichts und niemand außer Ihnen die Macht hat, Sie glücklich oder unglücklich zu machen. Ob Sie sich dessen bewusst sind oder nicht: Sie und nur Sie entscheiden darüber, ob Sie glücklich oder unglücklich sind, ob Sie an Ihrer Abhängigkeit festhalten oder nicht.

Indem Sie so über diese Wahrheiten nachdenken, wird Ihnen vielleicht bewusst, dass Ihr Herz sich widersetzt, Einspruch erhebt und sich weigert, sich damit auseinanderzusetzen. Sehen Sie das als ein Zeichen dafür, dass Sie unter Ihren Abhängigkeiten noch nicht genug gelitten haben, um wirklich etwas für Ihr inneres Radio zu tun. Oder vielleicht leistet Ihr Herz keinen Widerstand gegen diese Wahrheiten; wenn dem so ist, freuen Sie sich! Kehrt um, die Umwandlung des Herzens hat begonnen, und das Himmelreich – das dankbar sorgenfreie Leben der Kinder – ist endlich in greifbare Nähe gekommen, und Sie greifen danach und nehmen es in Besitz.

Warum der Schäfer jedes Wetter liebt

Ein Wanderer: »Wie wird das Wetter heute?«

Der Schäfer: »So, wie ich es gerne habe.«

»Woher wisst Ihr, dass das Wetter so sein wird, wie Ihr es liebt?«

»Ich habe die Erfahrung gemacht, mein Freund, dass ich nicht immer das bekommen kann, was ich gerne möchte. Also habe ich gelernt, immer das zu mögen, was ich bekomme. Deshalb bin ich ganz sicher: Das Wetter wird heute so sein, wie ich es mag.«

Der Lebenswunsch

Die Geburt seines ersten Kindes erfüllte den Meister mit Freude. Staunend blickte er das Neugeborene immer wieder an.

»Was wünschst du ihm, einmal zu sein, wenn es groß geworden ist?«, fragte ihn jemand.

»Maßlos glücklich«, antwortete der Meister.

Quellenverzeichnis

Alle im Folgenden genannten Bücher von Anthony de Mello sind, soweit nicht anders angegeben, erschienen im Verlag Herder, Freiburg im Breisgau.

Warum der Vogel singt, 1984, Neuausgabe 2013
Dass ich sehe. Meditation des Lebens, 1985, 6. Aufl. 1994
Eine Minute Weisheit, 1986, Neuausgabe 2011 (Großdruck Edition)
Warum der Schäfer jedes Wetter liebt, 1988, Neuausgabe 2013
Wer bringt das Pferd zum Fliegen?, 1989, Neuausgabe 2013
Der springende Punkt. Wach werden und glücklich sein, 1991, Neuausgabe 2011
Wie ein Fisch im Wasser, 1992, Neuausgabe 2013
Von Gott berührt. Die Kraft des Gebetes, 1992, 7. Aufl. 1998
Eine Minute Unsinn, 1993, Neuausgabe 2012 (Großdruck Edition)
Die Fesseln lösen. Einübung in erfülltes Leben, 1994, Neuausgabe 2012
Meditieren mit Leib und Seele, Neue Wege der Gotteserfahrung. Ins Deutsche übersetzt von Martin Kämpchen, Herder spektrum Taschenbuch 1998, 2. Aufl. 2001. Neuausgabe: Meditieren mit Leib und Seele, Kevelaer 2008 © 2008 Verlag Butzon & Bercker, 47623 Kevelaer.
Wir hörten den Vogel singen. Meisterliche Weisheit von und mit Anthony de Mello, Herausgegeben von Aurel Brys u. Joseph Pulickal, 2003
Das Leben neu entdecken. Aufwachen zum Glück, 2013

Vorwort

S. 7: »Ehe der Besucher …«, aus: Eine Minute Weisheit, S. 42
S. 8: »Ich habe diese Veränderung …«, aus: www.anthonydemello.info/biografie4.htm
S. 10: »De Mellos erstes Buch …«, aus: Martin Kämpchen, in: Christ in der Gegenwart 50 (1998), 316
S. 11: »Muss man denn wirklich …«, aus: Wir hörten den Vogel singen, S. 66f.
S. 12: »›Darf ich Euer Schüler werden?‹…«, aus: Eine Minute Weisheit, Blindheit, S. 43

S. 13: »der oft recht hatte ...«, aus: Wir hörten den Vogel singen, S. 20
S. 14: »Einmal diskutierten die Schüler ...«, aus: Eine Minute Weisheit, Enthüllung, S. 152

I.

S. 16: Der blinde Rabbi, aus: Warum der Schäfer jedes Wetter liebt, S. 60
S. 16: Der Wahrheitsladen, aus: Warum der Vogel singt, S. 80f.
S. 17: Weite Sicht, aus: Eine Minute Unsinn, S. 138
S. 17: Größe, aus: Eine Minute Weisheit, S. 156
S. 18: Der Zauberer und der Drachen, aus: Warum der Schäfer jedes Wetter liebt, S. 198
S. 18: Über das Wachwerden, aus: Der springende Punkt, S. 9f.
S. 20: Hinaustragen oder aufwecken?, aus: Wer bringt das Pferd zum Fliegen?, S. 191
S. 21: Der Schatz in der Küche, aus: Warum der Schäfer jedes Wetter liebt, S. 207ff.
S. 22: Gib mir eine Chance!, aus: Warum der Schäfer jedes Wetter liebt, S. 114
S. 22: Der gefangene Löwe, aus: Warum der Schäfer jedes Wetter liebt, S. 215f.
S. 24: Die Wand niederreißen, aus: Wie ein Fisch im Wasser, S. 41–47
S. 29: Vermutungen, aus: Warum der Schäfer jedes Wetter liebt, S. 43f.
S. 30: Christus kennen, aus: Warum der Vogel singt, S. 97f.
S. 31: Die Parabel von den Krücken, aus: Wer bringt das Pferd zum Fliegen?, S. 95f.
S. 32: Erwachsensein, aus: Eine Minute Weisheit, S. 12
S. 32: Verpasste Gelegenheit, aus: Wer bringt das Pferd zum Fliegen?, S. 54
S. 33: Nebensächlichkeit, aus: Eine Minute Weisheit, S. 71
S. 33: Über den wahren Egoismus, aus: Der springende Punkt, S. 15f.
S. 35: Einer von euch ist der Messias, aus: Warum der Schäfer jedes Wetter liebt, S. 57ff.
S. 37: Wir sind drei, du bist drei, aus: Warum der Vogel singt, S. 67ff.
S. 39: Das Herz einer Maus, aus: Wer bringt das Pferd zum Fliegen?, S. 103

S. 40: Das Gebet des Frosches, aus: Warum der Schäfer jedes Wetter liebt, S. 18
S. 41: Vor uns der Tod, aus: Der springende Punkt, S. 196–199
S. 44: Verheimlichung, aus: Eine Minute Weisheit, S. 130
S. 44: Der Teufel und sein Freund, aus: Warum der Vogel singt, S. 43
S. 45: Standortbestimmung, aus: Eine Minute Unsinn, S. 15
S. 46: Getäuscht, aus: Eine Minute Unsinn, S. 129
S. 46: Das verlorene Motto, aus: Warum der Schäfer jedes Wetter liebt, S. 74f.
S. 47: Die große Offenbarung, aus: Warum der Schäfer jedes Wetter liebt, S. 79
S. 48: Enttäuschung – Befreiung von Täuschung, aus: Der springende Punkt, S. 39–43
S. 52: Weiter entfernt, aus: Eine Minute Unsinn, S. 191
S. 53: Den Verstand gebrauchen, aus: Wer bringt das Pferd zum Fliegen?, S. 57
S. 53: Wahrhaftig, aus: Eine Minute Unsinn, S. 33
S. 54: Ankunft, aus: Eine Minute Weisheit, S. 52
S. 54: Entdeckung, aus: Eine Minute Weisheit, S. 59
S. 55: Keine Belohnung, aus: Der springende Punkt, S. 52f.
S. 56: Wunder, aus: Eine Minute Weisheit, S. 131
S. 57: Himmel, aus: Eine Minute Weisheit, S. 98
S. 57: Träume, aus: Eine Minute Weisheit, S. 40
S. 58: Beschilderung, aus: Warum der Vogel singt, S. 36
S. 58: Was dazwischen liegt, aus: Eine Minute Unsinn, S. 233

II.

S. 60: Wenn er nun Nein sagt?, aus: Wer bringt das Pferd zum Fliegen?, S. 169f.
S. 61: Bin ich verrückt oder alle anderen?, aus: Der springende Punkt, S. 19–21
S. 64: Was siehst du?, aus: Eine Minute Unsinn, S. 25
S. 65: Zuhören und umlernen, aus: Der springende Punkt, S. 23–26
S. 68: Der jetzige Augenblick, aus: Wie ein Fisch im Wasser, S. 117–122
S. 72: Der gegenwärtige Augenblick, aus: Eine Minute Unsinn, S. 166

S. 72: Zu den »Fünf Glocken«, aus: Wer bringt das Pferd zum Fliegen?, S. 187f.
S. 73: Bayazid bricht die Regel, aus: Warum der Vogel singt, S. 111f.
S. 74: Bewusstheit, aus: Eine Minute Weisheit, S. 76
S. 75: Bewusstheit, ohne alles zu bewerten, aus: Der springende Punkt, S. 46–51
S. 80: Formulierungen, aus: Eine Minute Weisheit, S. 173
S. 81: Wohin du auch gehst, aus: Warum der Schäfer jedes Wetter liebt, S. 143
S. 82: Das »Ich« herausschälen, aus: Der springende Punkt, S. 57–61, gekürzt
S. 85: Scheuklappen, aus: Eine Minute Weisheit, S. 67
S. 86: Begierig nach Veränderung, aus: Der springende Punkt, S. 106–112
S. 91: Evolution, aus: Eine Minute Weisheit, S. 52
S. 91: Dem Leben lauschen, aus: Der springende Punkt, S. 191–193
S. 94: Genießen, aus: Eine Minute Unsinn, S. 35
S. 95: Der Reichtum des Schweigens, aus: Meditieren mit Leib und Seele, S. 17–20, gekürzt
S. 97: Alleinsein, aus: Eine Minute Weisheit, S. 66
S. 98, Mut und Ehrlichkeit, aus: Von Gott berührt, S. 30f.
S. 99: Wahre Geistigkeit, aus: Warum der Vogel singt, S. 22
S. 100: Leere, aus: Eine Minute Weisheit, S. 113
S. 100: Stille, aus: Die Fesseln lösen, S. 13–22
S. 108: Was du tun kannst, aus: Warum der Schäfer jedes Wetter liebt, S. 110
S. 109: Untauglichkeit, aus: Eine Minute Weisheit, S. 170
S. 109: Von der Pflicht, aus: Die Fesseln lösen, S. 101–104
S. 113: Zwei Sterne über dem Berg, aus: Wer bringt das Pferd zum Fliegen?, S. 132f.

III.

S. 116: Keine gute Hausfrau, aus: Wer bringt das Pferd zum Fliegen?, S. 168
S. 116: Glück, aus: Eine Minute Weisheit, S. 30f.
S. 117: Erfolg und Misserfolg, aus: Wer bringt das Pferd zum Fliegen?, S. 38

S. 117: Die Perspektive ändern, aus: Der springende Punkt, S.104f.
S. 119: Ein Nichts, aus: Eine Minute Unsinn, S. 65
S. 119: Über Gebete und Beter, aus: Warum der Schäfer jedes Wetter liebt, S. 31
S. 120: Die falsche Seite, aus: Eine Minute Unsinn, S. 103
S. 120: Diogenes, aus: Warum der Vogel singt, S. 81
S. 121: Das Leben in der rechten Perspektive sehen, aus: Meditieren mit Leib und Seele, S. 123–125
S. 123: Sokrates auf dem Marktplatz, aus: Wer bringt das Pferd zum Fliegen?, S. 116
S. 124: Verbesserung, aus: Eine Minute Weisheit, S. 26
S. 124: Keine Probleme, aus: Wer bringt das Pferd zum Fliegen?, S. 31
S. 125: Wirklichkeit?, aus: Der springende Punkt, S. 154–158
S. 129: Wie man es ansieht, aus: Eine Minute Unsinn, S. 32
S. 130: Löwenzahn, aus: Warum der Vogel singt, S. 61ff.
S. 130: Vorsehung in Rettungsbooten, aus: Warum der Schäfer jedes Wetter liebt, S. 106
S. 131: Der invalide Fuchs, aus: Warum der Vogel singt, S. 74f.
S. 132: Erwartungen, aus: Von Gott berührt, S.14–16
S. 134: Der Hund, der auf dem Wasser lief, aus: Warum der Schäfer jedes Wetter liebt, S. 51
S. 135: Entfaltung, aus: Eine Minute Weisheit, S. 137
S. 135: Mit Liebe betrachtet, aus: Die Fesseln lösen, S. 63–66, gekürzt
S. 139: Gelegenheit macht Diebe, aus: Wer bringt das Pferd zum Fliegen?, S. 116
S. 140: Bäume pflanzen, aus: Warum der Schäfer jedes Wetter liebt, S. 177
S. 140: Unglück, aus: Eine Minute Weisheit, S. 178
S. 141: Ein Blick in seine Augen, aus: Warum der Vogel singt, S. 47f.
S. 142: Ein schöner Tag, aus: Eine Minute Unsinn, S. 56f.
S. 143: Wie man Tag und Nacht unterscheidet, aus: Warum der Schäfer jedes Wetter liebt, S. 178
S. 143: Der »Filter« in unserem Kopf, aus: Die Fesseln lösen, S. 104–107
S. 147: Rein oder raus, aus: Wer bringt das Pferd zum Fliegen?, S. 161
S. 147: Klarheit, aus: Eine Minute Weisheit, S. 15
S. 148: Das ist zu heilen, aus: Wer bringt das Pferd zum Fliegen?, S. 75

S. 148: Der Hippie mit einem Schuh, aus: Warum der Schäfer jedes Wetter liebt, S. 49
S. 149: Anhänglichkeit, aus: Eine Minute Unsinn, S. 50f.
S. 149: Ernsthaft erkrankt, aus: Eine Minute Unsinn, S. 112
S. 150: Wessen Geschmack, aus: Eine Minute Unsinn, S. 193
S. 151: Sie passen nicht, aus: Eine Minute Unsinn, S. 228
S. 151: Nicht ärgern, aus: Wie ein Fisch im Wasser, S. 95–98
S. 154: Der Mönch und die Frau, aus: Warum der Vogel singt, S. 94f.
S. 154: Der Scharlatan, aus: Warum der Vogel singt, S. 83f.
S. 155: Wie oft hast du an mich gedacht?, aus: Warum der Schäfer jedes Wetter liebt, S. 25
S. 156: Kein Zutritt, aus: Warum der Schäfer jedes Wetter liebt, S. 89
S. 157: An Gott denken, aus: Warum der Schäfer jedes Wetter liebt, S. 128
S. 157: Wie soll er heißen?, aus: Wer bringt das Pferd zum Fliegen?, S. 27
S. 158: Wie man's sieht, aus: Wer bringt das Pferd zum Fliegen?, S. 51
S. 159: Kein Ansporn mehr, aus: Wer bringt das Pferd zum Fliegen?, S. 88f.
S. 160: Rebhühner für einen Richter, aus: Wer bringt das Pferd zum Fliegen?, S. 144
S. 160: Psychiatrische Behandlung, aus: Wer bringt das Pferd zum Fliegen?, S. 157

IV.

S. 162: Kooperation, aus: Eine Minute Unsinn, S. 28
S. 162: Die Erleuchtung, aus: Dass ich sehe, S. 49f.
S. 165: Loslassen, aus: Wie ein Fisch im Wasser, S. 17–21
S. 168: Unauffälligkeit, aus: Eine Minute Weisheit, S. 174
S. 169: Genau dort, aus: Wer bringt das Pferd zum Fliegen?, S. 117f.
S. 170: Über die Abhängigkeit, aus: Der springende Punkt, S. 64–67
S. 172: Entsagen ist keine Lösung, aus: Der springende Punkt, S. 22f.
S. 174: Der zu enge Heiligenschein, aus: Warum der Schäfer jedes Wetter liebt, S. 125
S. 175: Den Konkurrenzkampf aufgeben, aus: Der springende Punkt, S. 122–125

S. 178: Bescheidenheit, aus: Eine Minute Weisheit, S. 67

S. 178: Sich an Illusionen klammern, aus: Der springende Punkt, S. 130–134

S. 182: Größeren Mut, aus: Eine Minute Unsinn, S. 51

S. 183: Sich loslösen, aus: Der springende Punkt, S. 159–163

S. 186: Liebe, aus: Eine Minute Weisheit, S. 90

S. 186: Wie man den Heiligen Geist erhält, aus: Von Gott berührt, S. 12–14

S. 188: Keine Anstrengung, aus: Eine Minute Unsinn, S. 88f.

S. 188: Der Zug hält sonnabends nicht, aus: Wer bringt das Pferd zum Fliegen?, S. 180

S. 189: Befreiung von Ressentiments, aus: Meditieren mit Leib und Seele, S. 99–102, leicht gekürzt

S. 192: Manipulation, aus: Eine Minute Weisheit, S. 165

S. 192: Der unbewegte Buddha, aus: Wer bringt das Pferd zum Fliegen?, S. 124

S. 193: Freundlichkeit, aus: Eine Minute Weisheit, S. 116

S. 193: Die Weigerung, sich etwas zu verzeihen, aus: Von Gott berührt, S. 141–146, gekürzt

S. 197: Niemand, aus: Eine Minute Unsinn, S. 130

S. 198: Unvergesslich, aus: Eine Minute Unsinn, S. 39.

S. 198: Akzeptieren und Loslassen, aus: Die Fesseln lösen, S. 30f.

S. 200: Ändere dich nicht!, aus: Warum der Vogel singt, S. 63f.

S. 201: Befreiung, aus: Eine Minute Weisheit, S. 95

S. 201: Segnen, was war und ist, aus: Die Fesseln lösen, S. 36–41, gekürzt

S. 203: Reinigung, aus: Eine Minute Weisheit, S. 181

V.

S. 206: Spiegelung, aus: Eine Minute Weisheit, S. 56

S. 206: Ins leere Loch schauen, aus: Wer bringt das Pferd zum Fliegen?, S. 108

S. 207: Das Glück wollen, aus: Der springende Punkt, S. 16f.

S. 208: Unzufrieden, aus: Eine Minute Unsinn, S. 125f.

S. 209: Die Türangeln, aus: Eine Minute Unsinn, S. 165

S. 209: Schon wieder Käsebrote!, aus: Warum der Schäfer jedes Wetter liebt, S. 210f.

S. 210: Hindernisse auf dem Weg zum Glück, aus:
Der springende Punkt, S. 89–93
S. 214: Du selbst, aus: Eine Minute Unsinn, S. 202
S. 214: Das Geheimnis, aus: Dass ich sehe, S. 25f.
S. 216: Das Leben entdecken, aus: Das Leben neu entdecken,
S. 17–19
S. 218: Die sieben Krüge voll Gold, aus: Warum der Vogel singt,
S. 113ff.
S. 219: Glücklich sein – aber nur unter einer Bedingung, aus:
Die Fesseln lösen, S. 32–36, gekürzt
S. 225: Durstig, aus: Eine Minute Unsinn, S. 78
S. 225: Miserabel, aus: Eine Minute Unsinn, S. 122
S. 226: Lulu, aus: Wer bringt das Pferd zum Fliegen?, S. 126f.
S. 227: Was Gott nicht kann, aus: Eine Minute Unsinn, S. 192
S. 227: Sich entscheiden, aus: Wie ein Fisch im Wasser, S. 29–33
S. 230: Warum der Schäfer jedes Wetter liebt, aus: Warum der Schäfer jedes Wetter liebt, S. 222
S. 230: Der Lebenswunsch, aus: Eine Minute Unsinn, S. 146

Die Bücher von Anthony de Mello entstanden in einem multireligiösen Kontext und sollten Anhängern anderer Religionen, Agnostikern und Atheisten eine Hilfe bei ihrer geistlichen Suche sein. Dieser Intention des Autors entsprechend sind sie nicht als Darstellungen des christlichen Glaubens oder als Interpretationen katholischer Dogmen zu verstehen.
X. Diaz del Rio S. J., Gujarat Sahitya Prakash

Warum der Vogel singt • Weisheitsgeschichten
144 Seiten | Gebunden mit Goldprägung | ISBN 978-3-451-32621-9
Der Meister heiterer Lebensweisheit schöpft aus Zen-Buddhismus und Sufi-Erzählungen ebenso wie aus biblischer und christlicher Weisheit. Geschichten, die den Alltag blitzartig erleuchten, in ein anderes Licht tauchen und überraschende Antworten bereithalten.

Warum der Schäfer jedes Wetter liebt • Weisheitsgeschichten
224 Seiten | Gebunden mit Goldprägung | ISBN 978-3-451-32617-2
De Mello entdeckt für Leserinnen und Leser das Wesentliche auch im Alltäglichen – und hat für die Frage nach dem Sinn keine vorgefertigte Antwort, sondern regt mit seinen Geschichten an: zum Selberdenken und zur Einübung in eine heitere Lebensweisheit.

Wer bringt das Pferd zum Fliegen • Weisheitsgeschichten
208 Seiten | Gebunden mit Goldprägung | ISBN 978-3-451-32618-9
Pointiert, anschaulich und voll hintergründigem Humor sind die kleinen Geschichten, mit denen Anthony de Mello die ganz großen Lebensthemen berührt. Die Frage nach dem Sinn des Lebens, nach der Wahrheit muss sich jeder selbst stellen und beantworten, aber ein Blick auf so manches Komische im Leben kann dabei nicht schaden.

Gib deiner Seele Zeit • Inspiration für jeden Tag
Herausgegeben von Anton Lichtenauer
320 Seiten | Herder spektrum Taschenbuch | ISBN 978-3-451-06531-6
Unsere Seele braucht Zeit, um nachzukommen. Innehalten. Nachdenken über das, was wesentlich ist: Dazu gibt Anthony de Mello jeden Tag einen Impuls, der die gedankenlose Beschleunigung unterbricht und Ziele in den Blick nimmt, die sich wirklich lohnen.

Perlen der Weisheit: Die schönsten Texte von Anthony de Mello
Herausgegeben von Michaela Diers
160 Seiten | Herder spektrum Taschenbuch | ISBN 978-3-451-07155-3
Anthony de Mellos Texte sind wie ein zündender Funke und Stein des Anstoßes für mehr Bewusstheit im Leben. Eine charmante Sammlung zum Sich-selber- und zum Weiter-Schenken.